GOUJIANQIYEWENHUA:
JIYECHANGQINGDEZUIQIANGDAYINQING

构建企业文化：
基业长青的最强大引擎

张其金 ◎ 编著

中国商业出版社

图书在版编目（CIP）数据

构建企业文化：基业长青的最强大引擎 / 张其金编著. -- 北京：中国商业出版社，2016.7
ISBN 978-7-5044-9503-7

Ⅰ.①构… Ⅱ.①张… Ⅲ.①企业文化 Ⅳ.① F270

中国版本图书馆CIP数据核字(2016)第163541号

责任编辑：陈鹰翔

中国商业出版社出版发行
010-83128286　www.c_cbook.com
(100053　北京广安门内报国寺1号)
新华书店总店北京发行所经销
北京市梨园彩印厂

*

720×1000毫米　16开　16印张　200千字
2016年8月第1版　　2016年8月第1次印刷
定价：39.80元

* * * *

(本书若有印装质量问题，请与发行部联系调换)

前　言

　　20世纪90年代初期，随着国际企业与国内企业的融合，越来越多的人开始认识到管理在经济建设中的重要作用。努力加强企业管理，努力构建企业文化，已经是所有企业家需要解决的首要问题。

　　企业文化的概念是20世纪80年代以后才提出的。其实19世纪工业化以来企业文化一直存在着，只是没有提"文化"这个概念而已。企业文化的定义也没有很多严格的界限，在我看来，它主要指企业的价值观体现在企业的行为上，核心的东西是价值观。像发展战略、企业标志、员工行为等都包括在其中，但所属的层面不同。东西方的企业文化不一样，但现在国际化趋势加强，世界变小了，文化要相互融合。文化不能割裂开来看，理解不能绝对化，原则的、大方面的东西要多一些。文化也是一个发展的概念。

　　企业文化对于一个企业的成长来说，看起来不是最直接的因素，但却是最持久的决定因素。资金的多少、技术的高低、优质的产品、完善的服务、精明的决策，往往依托于企业深厚的文化底蕴。企业文化作为一种组织系统，它具有自我内聚、自我改造、自我调控、自我完善、自我延续等独特的功能。企业文化通过改变员工的旧有价值观念，培育他们的认同感和归属感，建立起成员与组织之间的依存关系，使个人行为、思想、感情、信念、习惯与整个组织有机地统一起

构建企业文化：基业长青的最强大引擎

来，形成相对稳固的文化氛围，凝聚成一种合力与整体趋向，以此激发出组织成员的主观能动性，为达成组织的共同目标而努力。另一方面，企业文化不断完善深化。一旦形成良性循环，就会持续推动企业本身的发展。大量的实践研究发现，企业文化与企业绩效存在相关关系：一个强大的企业文化如果与企业的环境或战略相符时，共同的信条使上下的沟通变得更加便捷，决策的制定更加有效，共享的价值观同样有利于协作，这些都会提高企业的实际效率。

  现代经济的一个特征，就是超越了国家与民族的界限，在整个世界范围内联系成为一个巨大的系统。每个企业作为这个巨大系统中的一个"细胞"，它的生产、经营和管理决策，它的系统控制和有效运行，都不能仅仅依靠经验来实现。现代企业要弄潮于世界经济的舞台，不仅需要科学的管理，而且需要哲学思想的指引。而一个成功的企业，往往会根据自身的特点，确立指导企业一切行为的企业哲学，从这个层面来说，企业哲学是企业人格化的基础，是企业向高水平迈进的思想基础。它左右着企业决策者对企业经营方针、发展战略进行科学的思考，从而使企业的资金、人员、设备最大程度地发挥效力，实现企业的目标。

  企业哲学是企业理论化和系统化的世界观和方法论，是一个企业全体员工所共有的对世界事物的最一般的看法，是企业用以指导企业生产、经营、管理等活动的应用哲学。在企业文化建设中，企业哲学决定了企业文化的其他内容，它的确立，成为企业全体员工为实现企业目标在整个生产经营管理活动中的基本信念，并从这个基本信念中衍生出企业文化的其他内容。

  随着许多企业家的不断探索，经过30年的不断探索与实践，中国

前 言

的企业文化建设已经取得了巨大的变化。

这样巨大的变化是怎样发生的？后来经过许多管理人士的不断总结，终于得出了这样一个结论：人活着，需要一种精神；一个企业的生存发展，也需要一种精神来支撑。而这种精神，就是着眼于人的文化管理，具有强大的生命力。

众多企业的成功显示，优良的企业文化蕴含着化腐朽为神奇的巨大力量，是企业在市场竞争中获得优势、争取胜利的制胜之道。

一个显为人知的事实证明，"海尔文化"出奇迹，就是这种观点的最好案例。当人们问起海尔是怎样创造出奇迹的？海尔董事局主席张瑞敏把这一切归结为海尔人的奇迹，而集团长期有意识地培育和凝集形成的独特的海尔企业文化正是激发全体海尔人创造奇迹的强大动力。

在张瑞敏看来，说到底，企业是"人"的事业，企业的发展与壮大，得靠人的力量去推动，靠人的意志去实现。在现代企业中，物质文化、制度文化和精神文化是密不可分的，它们相互影响，相互作用，共同构成了企业文化的完整体系。

如今，"企业文化"作为一种崭新的管理思潮和理论，其内容十分丰富，主要包括企业哲学、企业价值观、企业道德、企业精神、企业标识、企业环境、企业制度、企业经营行为和企业形象等9个方面，具有独特性、调节性、控制性及应变性等特征，它的形成对企业的员工来说，将起着导向、凝聚、激励、约束的作用。

那么，我们如何去培育和凝集这样的企业文化呢？只要你带着如何建构文化竞争力的理性思考读完此书，你便能够找到满意的答案。

构建企业文化：基业长青的最强大引擎

目　录

第 一 章　再造企业文化

企业文化，从它的载体或外部来看是一个品牌，但从内部来看就是一种价值观。如果全体员工都来认同这个价值观，就会产生巨大的力量。

企业文化的缘起 ·· 3
什么是企业文化 ·· 12
对传统企业文化的转变 ·· 19
改造企业文化 ··· 23
文化变革 ··· 28
企业文化是企业活力的内在源泉 ······························ 40

构建企业文化：基业长青的最强大引擎

第二章 企业文化与精神的融合

　　企业精神文化是用以指导企业开展生产经营活动的各种行为规范、群体意识和价值观念，是以企业精神为核心的价值体系。集中体现在一个企业独特的、鲜明的经营思想和个性风格，反映着企业的信念和追求，是企业群体意识的集中体现。

　　企业文化的附加含义 …………………………… 51
　　公司精神 …………………………………………… 56
　　创建新文化与精神的结合 ……………………… 61
　　文化的基因 ……………………………………… 68
　　环境是改变企业文化的基础 …………………… 71

目 录

第三章 创建企业的核心价值观

　　核心价值观简单来说就是某一社会群体判断社会事物时依据的是非标准，遵循的行为准则。现阶段，社会主义核心价值观就是以人民为主体，以人民的利益为标准，在全社会实现平等、公平、正义的价值观。

核心价值观 …………………………………… 77
一阴一阳谓之道 ……………………………… 82
企业的核心价值观 …………………………… 87
提炼自己的核心价值观 ……………………… 92
中国企业家的价值观地图 …………………… 96
让价值观植根于企业内部 …………………… 100
企业文化的核心价值观念 …………………… 103
不能逃离的基础性价值观 …………………… 105

构建企业文化：基业长青的最强大引擎

第 四 章 共享文化的力量

  如何在一个激烈竞争的环境中使企业生存下去，你必须给自己的公司培养一种独特的气质。这种气质的核心能使创业者从来不会把挫折或面临的复杂问题看成困难。相反，他能够从困难中发现机遇，并不断地在困难中寻找到新的刺激和乐趣。并能认识到伟大的企业之所以成功，是因为企业的领袖能够看到别人看不到的东西，提出别人提不出的问题，然后制订自己的战略方案，将洞察力与策略相结合，描述出具有鲜明特点的企业蓝图。

不容忽视的问题 ·· 111
无边界，无抱怨 ·· 117
文化的制造需要物质基础 ······································ 120
核心经营理念与文化的融合 ··································· 123
如何发现核心经营理念 ··· 129

目 录

第五章　整合企业文化

具有高度真正诚信能力的人常常勇于承认错误，并对其行为负责，他们的自我价值评判并不是建立在事事正确的基础上，因此犯错误不会令他们紧张。他们不是急于维护自己，也不喜欢指责其他人，或找借口开脱自己。他们更愿意冒险尝试新事物，并说出自己的真实想法，因为即使遇到不同意见甚至不受欢迎，他们总是能接受自己。

全新的企业理念 …………………………………… 139
企业文化改变员工的行为方式 …………………… 146
提高企业的效益 …………………………………… 152
构建团队精神就是构建企业文化 ………………… 155
团队中的个人素质 ………………………………… 161
诚信是构建企业文化的基础 ……………………… 166
解决企业存在的问题 ……………………………… 171
必要的压力是动力 ………………………………… 176

第六章　增强对企业文化的认识

企业文化就是企业的一种价值观，海尔的企业文化就是要营造一种氛围，一种把个人奋斗同企业发展结合起来的氛围，使你在实现个人价值观时，也可以体现出主动性、影响力、团队精神、创新精神和战略思维的能力。

企业文化是企业最为重要的财富 ……	183
文化建设为企业凝聚人心 ……	186
企业文化的指路明灯是愿景 ……	189
拥有一流文化的企业才能所向无敌 ……	192
诚信是最简单的持续竞争优势 ……	196
文化建设也需要时常更新 ……	199

第七章　企业文化中的生态密码

　　概念就是生产力的年代，从来都不缺概念。浮躁的互联社会与资本市场的交集，使我们更要找到属于自己的企业生态位。企业生态位是联系企业自身生存发展与企业生存环境的纽带，是体现企业竞争力的标志。企业要立足自身的实力和优势，分析环境的特点以及企业与环境的协调关系，利用企业的能动性，构建适合自身的生态位。

　　企业互联网商业进化法则 ················· 205
　　找准企业生态位 ····················· 217
　　完善细化企业生态位 ··················· 225
　　构建企业生态位的六个关键 ··············· 231

第一章

 再造企业文化

> 企业文化，从它的载体或外部来看是一个品牌，但从内部来看就是一种价值观。如果全体员工都来认同这个价值观，就会产生巨大的力量。

企业文化的缘起

在西方词汇里,"文化"(Culture)一词,在《牛津现代辞典》中的解释是:人类能力的高度发展,藉训练与经验而促成的身心的发展、锻炼、修养。或人类社会智力发展的证据、文明,如艺术、科学等。文化一词最早指培养、种植、栽培或耕种,以后引申出文雅、修养、高尚的涵义。

美国学者沙因认为,文化是由一些基本假设所构成的模式,这些假设是由某个团体在探索解决对外部环境的适应和内部的结合问题这一过程中所发现、创造和形成的。这个模式运行良好,可以认为是行之有效的,是新成员在认识、思考和感受问题时必须掌握的正确方式。

但在中国出版的一些企业文化书藉里,企业家们则认为文化是一系列习俗、规范和准则的总和,起着规范、导向和推动社会发展的作用。文化包含以下内容:我们是谁,我们的信念是什么,我们应该做什么,如何去做。大多数人并没意识到企业文化的存在,但企业文化对人们的意义如同鱼离不开水。只有当我们接触到不同的文化,才能感觉到自己文化的存在。我们坚持一整套信念和行为方式,遵循一系列规则和习惯,而且认为这就是一种顺理成章的生活。

法国著名的昆虫学家让@亨利·法布尔在《昆虫的故事》一书

构建企业文化：基业长青的最强大引擎

中，描绘了黄翅泥蜂建造巢穴的过程。和其他蜂种不同的是，黄翅泥峰在建造自己家园的过程中，很少单兵作战，它们总是几十只一群，对选定的场地进行开垦。勤劳而且忙碌的蜂群在阳光下密切配合，那有序的工作场面和神奇的施工速度让目击者们叹为观止。

这个小故事说明的是，无论在动物世界还是人类社会，共同的信念、理想以及团结协作对于群体的生存与发展来说都是多么的重要。因此，如何使一个企业的追求成为全体员工的共同追求，如何使一个企业的价值观成为所有员工的价值观，人类社会自产生企业以来，无数的管理者就一直在探索这一奥秘。

早在公元1689年，《三国演义》就传入日本，被译为日文，称为《三国志》。书中诸葛亮知人善用被传为佳话，在诸葛亮的推荐和提拔下，庞统被封为军师中郎将，与他并列。

松下幸之助也是"用人里手"，20世纪70年代，日本企业遭受石油危机冲击，面临经营困境，松下幸之助毅然破格提拔在26个董事中名列第25位的普通董事山下俊彦为社长。山下俊彦不负"知遇之恩"锐意进取，使松下集团继续在世界电子行业处于领先地位。

许多日本企业管理者认为，日本的每个公司各领一支人马，各产一种或几种拳头产品，逐鹿市场，谋取利润，这与群雄割据的三国何其相似，学习《三国》谋略，非常有助于在市场争夺战中获胜。

"桃园精神"是刘氏王朝生存的基础，不少日本企业亦基于这种认识，大力提倡公司上下左右，效仿刘、关、张，建立兄弟般的友谊关系，精诚团结，共同对外，以求生存发展。

总之，文化不是包装出来的，在现实生活中，人们能很清醒地意识到文化的存在。这就像我们生活在空气中，生活得非常自在，并没有意识到周围的环境——空气的存在一样。这种感觉和意识的欠缺是显而易见的，原因是我们很少能有亲身比较的机会，所以也常常忽略它，这就是我们办事的方式。这就是我们互相信任的东西。这就是我们的交互方式。这就是我们对工作的态度。

适应是个动态的过程，今天适应不等于明天也适应，一时间适应不等于永远适应。

中国开始学习西方现代管理，从清末的"洋务运动"开始，这个运动的领导者是李鸿章、张之洞等人。当时的主张是"中学为体，西学为用"，但历史已经证明，这是一条走不通的道路。近20年来，有学者提出，要"西学为体，中学为用"。

这条路能走通吗？特殊的文化历史传统和特殊的经济地理环境，使我们成为世界民族发展史中传统文明延续时间最长、保持最完整的国家。历史上中华大地曾遭到数次外族入侵，但这些"入侵和占领"者，最终都被中华主流文化所融合，而他们则成为中华民族的一个组成部分。如北魏王朝、元朝和大清王朝的鲜卑族、蒙古族和满族等等。14世纪中叶，在中亚和欧洲反犹太人运动中，有一支犹太族人到了中国腹地河南，历经千年历程，这支犹太族人已完全与中华民族融合了。

中华民族的这个特点，是优点也是弱点。说是优点，表明中国有着悠久的历史传统，这是中国人值得骄傲的地方；说是缺点，中国是一个不容易变革的国家和民族。鲁迅先生曾痛切地说："中国男人为了头上的辫子，两次被杀，第一次是在清朝初年，不留辫子不留头，许多明朝遗老遗少因此被杀了头；第二次是清末民初，一些不愿剪掉辫子的人又被'革命党'杀了头。"当代人不明白，"辫子"是个什

构建企业文化：基业长青的最强大引擎

么东西，怎么会因为留不留辫子两次被杀呢？这就是中国的文化。

正是这种文化传统，外来文化的侵袭少有在中国站住脚的。作为特例，在两千年的历史长河中只有两次：一次是佛教，历经五百年，集大成者是中国的慧能和尚(史称六祖慧能)。佛教从东汉永平十年算起，大约在公元67年，经过4个多世纪的传播，才发展到与中国土生土长的文化相抗衡的地步。再经过一千多年的中国化，它方被儒学所吸收，实现了儒释道合流。而"定居"后的佛学，已经不是原版，成了地道的中国版：内容被保留下来，形式已经发生了极大的变化。

另一个是马克思主义，集大成者是"山沟里的马克思主义"创造者毛泽东和他的战友们。

即便马克思主义，这个从形式上看，是西方文化、西方经济发展和西方工业革命产物的理论，在今天的中国也形成了中国特色。

2000年我在德国汉堡，一位德国工程师幽默地说：中国人把"马克思主义"的"主义"拿到中国，而把"马克思"留给了我们德国。

马克思主义之所以能够在中国这个当时的农业社会"定居"，成为指导思想的理论基础，绝非偶然。上世纪初开始，西方各种"主义"在中国泛滥，但大多都走马灯似的昙花一现般地消失了，只有马克思主义极其深刻地影响了几代中国人。并且这种影响还将延续下去。

我们研究上述现象，主要意图是探讨其背后的规律。外来思想的"定居"，首先是一个过程，不可能一蹴而就，需要思想家的智慧和劳动；其次，这个思想体系一定是与中国文化相亲和的，在基本价值和思维方式上是相通的。不管外来思想体系拓疆扩域的气势有多么大，如果不与中国文化相融通，就难以定居。

企业经营管理的理论、模式和方式方法同样如此。

德国社会学家韦伯在《新教理论与资本主义精神》一书中认为，新教理论的传播对欧美现代企业发展具有历史推动作用。而中国的儒家文化是典型的农业文化，受这个文化的影响，在现代企业发展的数百年间不只是中国内地本土企业家，就是在欧美这种制度下的华人企业，也鲜有将企业做成世界级百年老店的。许多人愿意列举的例子是美国的王安电脑。

然而，完全按照资本主义制度模式也未必就能产生世界级企业。我们可以看印度：印度国家的独立已超过半个世纪，它们不仅在经济制度，甚至在国家制度安排上也是完全的英国模式。但一个不争的事实是，印度同样没有产生世界级的企业。按照经济总量和经济发展增长速度，目前它甚至远远落后于中国这样一个从计划经济向市场经济转轨的国家。

在中国市场化发展的30年时间中，究竟应该用什么模式建立自己的企业，用什么方法统领自己的企业，是中国所有企业创业者、企业家甚至企业管理学家都关注的问题。

"Made in China"曾经是质次价低的同义语。20世纪80年代，中国政府为改变这种状况在企业中推行"全面质量管理"，但企业真正跨过这个"坎"，用的却是"中国特色"的方式。中国企业在产品质量上的重建是通过两种"砸"才开始了质量重建之路的。

一种是市场"砸"。质量差的产品连同生产它们的企业都被市场淘汰了。典型的是20年前的温州企业和温州产品。

另一种是企业主动的"砸"。那些日后成功的企业基本都是这类企业。有个耳熟能详的故事，在20世纪80年代后期，在一个普通的电

构建企业文化：基业长青的最强大引擎

冰箱厂发生了一件足以影响中国企业的事情：刚刚上任的青岛电冰箱厂厂长的张瑞敏召集全厂工人，带头把生产出来的几十台不合格电冰箱砸了。当时，中国还处于物资短缺阶段，这些不合格产品不仅能够销售出去，而且依然是紧缺商品。

由于媒体炒作的缘故，今天我们已经无法完全探究张瑞敏当时的真实想法。但这种行为的结果是，这个当时与其他电冰箱厂没有什么不同的青岛电冰箱厂开始把其他企业甩在后面。以为客户(消费者)提供高品质服务为宗旨，"真诚到永远"的海尔，实际起步于这次"砸冰箱"事件。通过这次"震撼心灵"(张瑞敏语)的事件，海尔走上一条中国企业的"重建"之路。

20世纪80年代初，各国企业家对管理科学、行为科学、文化学等当代管理理论进行了广泛而深入的研究，他们发现，在信息社会，现代企业如同具有意识和生命的肌体一样，其活力不仅有赖于物质的代谢，更仰仗精神文化活动的丰富。敏感的企业家们意识到，将过去管理上过分重视物转变成为重视人，重视培育员工共同的意识和价值观念，强化他们的责任感和使命感，企业将会获得强大的原动力。而企业文化作为现代企业的管理理论和管理方法，也因此逐渐走上企业管理的前台。

1998年的一天，中国和许多国家的报纸都报道了同一则消息：海尔集团总裁张瑞敏应邀前往哈佛大学商学院，指导那里的MBA讨论"海尔文化激活休克鱼"的案例。多年前，海尔集团还是一家名不见经传的集体所有制企业，如今已迅速成长为拥有冰箱、冷柜、空调、洗衣机、电视机等几十门大类，万余个规格品种的中国家电企业集团，集团销售收入达到千亿计人民币，提前3年实现了销售收入过百亿

第一章
再造企业文化

元的目标。"海尔文化激活休克鱼"的案例讲述的就是海尔在1995年兼并国有企业青岛红星电器厂后，短短3个月扭亏为盈，并用两年多时间成为中国大陆洗衣机行业中品种最多、销量最大企业的成功故事。这是享誉世界的哈佛商学院第一次用中国企业作案例，也是第一次邀请中国企业家走上哈佛的讲台。

这个案例说明了一个问题：海尔组建了一个文化的战略大系统，为了实现这个大系统的战略目标，公司提出了将个人生涯计划和海尔事业规划相统一的企业价值观，这个价值观的核心思想就是：人的价值高于物的价值；共同价值高于个体价值；共同协作的价值高于独立单干的价值；社会价值高于利润的价值。在企业价值定位上，海尔从单向度的企业精神向作为价值体系的企业远景和共同视野转化。

所以说，在构建企业文化的过程中，我们不能拒绝新的、不同的行为方式，也不能坚持沿用人们熟悉、习惯了的行为方式。

企业的价值观是企业核心层及全体员工对企业活动是否有价值及价值大小的看法，它主要指企业生存的目的和意义。企业的价值观常常对企业的生产经营产生重大的影响，它决定着企业精神的基本格调和整体面貌，左右着企业经营活动的方向，同时还决定着企业道德的内容。

盘龙云海从它诞生的那一天起，就以健康人类为己任，这一造福于人类的伟大抱负为盘龙云海的生存和发展提供了基本的方向与行动的指南，为盘龙云海人形成共同的行为准则奠定了基础。行为科学告诉我们，人类的需求是分层次的，不但有生理、安全等方面的基本需要，还有情感、自尊和自我实现等高级精神需求。盘龙云海正是充分理解了人的这一特点，了解人性因素中的"崇德"倾向，才逐渐形成了它以高质量、高技术含量的中医药产品来服务于全人类的价值观，从而使员工对企业产生了强烈的归属感。可以说，一个企业的全体员工要在共同的价值观念支配下，自觉地从事生产经营活动，这是以"硬"性管理的手段无法达到的。从盘龙云海发展成为跨国型药业集团的个案中，我们可以清楚地感受到企业价值观所起的作用。

盘龙云海作为一个以振兴中医药文明为己任的企业，目的是要健康人类，而在实践健康人类的伟大活动中，盘龙云海的所有员工都必须严格遵守企业纪律，并以此来实现自己的职业理想。同时，重视企业生产中的"道德因素"，形成了盘龙云海良好的企业作风，这就是诚实、守信、责任与追求。

企业精神是企业向心力、凝聚力、责任感和使命感的集中体现，是一个企业在其成长过程中形成的代表全体成员心愿、意志，并成为激发全体成员积极性和创造性的无形力量，是企业哲学、价值观念和道德观念的高度概括，反映了全体员工的共同追求和共同认识，是企业文化的灵魂，是企业的旗帜。与大庆的"铁人精神"、日本日立制作所的"和"字精神一样，盘龙云海"健康人类"的精神，是其团结一心、尊重科学、服务人类的忠实反映，体现着全体盘龙云海人的理想、信念、决心与意志。

企业标志是以标志性的外化形态来表示企业的文化特色，并且和其他企业明确区分开来的内容，它包括企业名称、企业服、企业徽、企业旗、企业歌、商标及企业的标志性建筑。

企业道德是调整企业之间、员工之间关系的行为规范的总和，它从伦理上起到调节企业与企业之间、企业与员工之间、员工与员工之间相互关系的作用，它是企业法规制度、业务规定、技术规程与纪律

第一章
再造企业文化

等所不能替代的"灵魂法制"。我们知道，一定的社会制度下所形成的社会公德，具体到一个企业的职业活动中，则被我们称之为职业道德，这是企业在其价值观的支配下，于企业生产、经营、销售和服务过程中形成的，为全体员工所接受和认同的道德观念、道德品质和道德行为。

在这样的情况下，改进企业文化（或用其他的做法）几乎是每一个大企业的首要任务。所有与组织发展相关的企业价值观念和行为模式都是企业文化的一部分，组织的发展体现在更多地为客户着想、提高效率、降低成本、更具有团队精神、更有全局意识。

构建企业文化：基业长青的最强大引擎

什么是企业文化

对于企业文化的概念，中国的企业界和学术界有着非常不同的理解，甚至有的理解之间存在着很大的分歧，可以说有根本性区别。正是因为一些人对企业文化含义的解释，同另外一些人的解释有着根本性的区别，才使我看了许多关于企业文化的专著后，还是搞不懂企业文化的实质是什么，才有了撰写这本书的想法。

纵观在世界经济舞台上起着举足轻重作用的大公司，微软也好，松下电器公司也好，他们的成功都有赖于其强大的企业文化。明确的经营哲学，共同的价值观念和行为准则，使企业与员工休戚相关，荣辱与共。实践证明，企业文化的建立对一个企业的发展关系极大，因为企业文化很有可能成为决定企业兴衰成败的关键因素。

"企业文化"作为一个管理概念，是美国学者在比较美日两国企业管理的根本性差异中提出来的。20世纪70年代末，由于美国在世界经济中的地位日益低落，无数的企业在国际竞争中屡遭惨败。而日本经过战后30年的励精图治，正以惊人的发展速度一跃成为世界经济强国，创造了世界历史上罕见的经济奇迹，其生产率的增长速度是美国的400%，这给素有"金元帝国"之称的美国以强烈的震撼。美国人无论如何也没有想到，二战中被盟军打得一败涂地的东亚小国，竟会在短短的几十年间脱胎换骨，在战争的废墟上创造了让人瞠目结舌的经

第一章
再造企业文化

济神话。日本何以能在如此短暂的时间内取得这般辉煌的成就？究竟是什么管理魔法让其产品具有如此强大的竞争力？资源如此匮乏的岛国经济崛起的秘诀又何在？面对这些问题，美国的企业界和管理学界陷入了深深的反思。深谙"拿来"之道的美国人开始放下架子，虚心探究日本管理模式中的文化渊源，并力图从日本企业成功的管理经验中总结出其奥秘，以为我所用。

美国学者在比较中发现，美国的企业在管理中注重的是技术、设备、规章、方法、组织机构、财务分析等"硬"性因素，强调的是管理科学；日本企业则更多地强调诸如人、目标、信念、宗旨和价值观等"软"性因素，遵循的是企业哲学。这种"软"性管理的关键是以人为本，树立大家共同遵循的信念、目标和价值观，培育出全体员工同心协力共赴理想的"企业精神"。美国人经过反思之后，连续发表了《Z理论》、《日本企业的管理艺术》、《企业文化》和《寻求优势》等四部关于企业文化的传世之作，构建起"企业文化"的理论。

什么是企业文化呢？所谓企业文化就是企业的识别系统。甚至有人认为企业文化就是识别一个企业与另外一个企业有哪些不同的识别标准。换言之就是评判企业之间的差别的标准。正是因为如此，所以持这种观点的人认为，企业文化一般包括视觉识别、行为识别以及理念识别。也就是说，持这种观点的人认为，识别一个企业与另一个企业究竟有哪些不同的时候，可以从视觉识别、行为识别、理念识别这三个方面来判断这个企业与另外一个企业有什么不同。由此可见，在持有这种观点的论者看来，这种判断企业之间有哪些不同的识别标准，就是企业文化。

这是在传统文化下对企业文化作出的定义。但在今天的市场形势

构建企业文化：基业长青的最强大引擎

下，要求企业文化必须作出变革，要让一家企业从同样的资源中收获更多的成果，从每个员工身上得到更多的收益，企业成长的速度已经要求企业文化发生变化。

企业文化理论的形成，可以说是企业管理上的一场深层次革命。以人为中心，尊重人，关心人，信任人，把人放在企业管理的主体地位上，强调人的理想、道德、价值观和行为规范在企业管理中的核心地位，激发员工的使命感和责任感，成为了企业文化最本质的内容。

事实上，日本企业所倡导的"以人为本"的管理方法，其哲学思想源于中国。汉代的王符在《潜夫论·德化》一文中曾说："上圣不务治民事而务治民心"。大到一个国家，小到一个组织，其凝聚力的强弱和战斗力的高低主要取决于成员对国家、对组织是否具有向心力。作为组织形式出现的企业，如果内部同心同德、团结一致，就会产生一种强大的亲和力。因此作为一个高明的现代企业管理者，首要的任务就是"治理民心"，因为人的力量比任何物质力量都重要。汉代的刘向也曾说："君人者，以百姓为天，百姓与之则安，辅之则强，非之则危，背之则亡。"日本学者伊藤肇指出："日本企业家只要稍有水准的，无不熟读《论语》和《道德经》。"因此有不少学者认为，企业文化的思想渊源在中国，实践在日本，理论成型在美国。

日本企业管理，讲求施义，要求企业每个成员知大义，懂变通，不断因时因事因地求变，而且能够在变中创新。中国儒家义学至精至微，日本企业管理者不断从中汲取营养。日本大丸公司在创立以来的274年中，一直奉行"先义后利"的经营宗旨。"先义后利"思想出自中国古代思想家荀子所著的《荣辱篇》。荀子曰："荣辱之大分，安危利害之常体。先义后利者荣，先利后义者辱；荣者常通，辱者常穷；通者常制人，穷者常制于人，是荣辱之大分也。"该公司始终重视对职工进行先义后利的思想教育，教育职工要顺应时代潮流，创新服务方式，改善服务态度，提高服务质量。大丸公司认为，优质的服务是利益的源泉。搞企业不能先考虑利益，而要先考虑怎样才能给顾客提供最优质的服务，若全体员工皆能晓此大义，自然就会给公司赢得信誉，从而产生不为盈利却又自然盈利的结果，这就是所谓的先义后利。

儒家礼学思想，主张在等级秩序之下协调人们的行为。日本企业要求每个成员都应依照自己所处地位，去扮演合适的角色，表现合理的行为，使每个成员工作行为合理化，生活行为秩序化。日本一些企业家很善于迎合日本人尊孔心理，运用孔子思想，直接劝导职工。如"住友"总理事小仓正恒对新进"住友"的职工讲道，要在"住友"建立事业，头一件事就是要做一个尽本分的人，即孔子说的君君、臣臣、父父、子子。所谓尽本分，就是要职工安于本职工作，遵守企业规章制度。

日本企业家积极将《孙子兵法》应用于企业管理，获得了巨大成功。不少企业将《孙子兵法》规定为管理人员必修课，组织管理人员轮训学习。日本麦肯齐公司董事长大前研一认为："没有哪本书能像《孙子兵法》一样为我们提供如此丰富的管理思想。"日本前东洋精密工业公司董事长、经营评论家大桥武夫，在企业濒临倒闭之际，惊喜地发现应用《孙子兵法》有助于经营，便将其应用于实践中，很快使企业起死回生。他写了一本专著，名为《用兵法指导经营》一书，引起经营界巨大反响，成为日本畅销书。他说："这种经营方式比美国企业经营更合理。"

构建企业文化：基业长青的最强大引擎

日本企业家非常推崇孙子"上下同欲者胜"的思想，将其与儒家思想结合创立了温情主义的合作型管理模式。

孙子曰："兵无常势，水无常形，能因敌变化取胜者，谓之神。"市场是瞬息万变的，经营者应依据市场变化灵活采取对策。索尼公司应用这一思想取得了成功。50年来，索尼"以正合，以奇胜"，不断根据市场需求推出新产品，占领市场，支撑企业发展。

孙子在《虚实篇》中说："夫兵形象水，水之形避高而趋下，兵之形避实而击虚。"这种思想已成为日本企业的重要战略思想。许多日本企业避开市场竞争主战场，独辟蹊径，开辟无人涉足的细分市场，一举获得成功，达到了扬长避短、避实击虚的效果。如任天堂就是一个成功的例子。它原是一家生产扑克牌的小公司，1980年独辟蹊径开发出普及型家庭游戏机，打开日本市场，1986年推出适合美国家庭的游戏机，又开辟了美国市场，现在正席卷欧洲市场。

说到底，企业是"人"的事业，企业的发展与壮大，得靠人的力量去推动，靠人的意志去实现。在现代企业中，物质文化、制度文化和精神文化是密不可分的，它们相互影响，相互作用，共同构成了企业文化的完整体系。

"企业文化"作为一种崭新的管理思潮和理论，其内容十分丰富，主要包括企业哲学、企业价值观、企业道德、企业精神、企业标识、企业环境、企业制度、企业经营行为和企业形象等九个方面，具有独特性、调节性、控制性及应变性等特征，它的形成对企业的员工来说，将起着导向、凝聚、激励、约束的作用。

企业哲学是企业理论化和系统化的世界观和方法论，是一个企业全体员工所共有的对世界事物的最一般的看法，是企业用以指导企业生产、经营、管理等活动的应用哲学。在企业文化建设中，企业哲学决定了企业文化的其他内容，它的确立，成为企业全体员工为实现企业目标在整个生产经营管理活动中的基本信念，并从这个基本信念中衍生出企业文化的其他内容。

现代经济的一个特征，就是超越了国家与民族的界限，在整个世界范围内联系成为一个巨大的系统。每个企业作为这个巨大系统中的一个"细胞"，它的生产、经营和管理决策，它的系统控制和有效运行，都不能仅仅依靠经验来实现。现代企业要弄潮于世界经济的舞台，不仅需要科学的管理，而且需要哲学理念的指引。而一个成功的企业，往往会根据自身的特点，确立指导企业一切行为的企业哲学，从这个层面来说，企业哲学是企业人格化的基础，是企业向高水平迈进的思想基础。它左右着企业决策者对企业经营方针、发展战略进行科学的思考，从而使企业的资金、人员、设备最大程度地发挥效力，实现企业的目标。

回顾盘龙云海短短几年的发展历程，其让世界医药界为之侧目的发展速度与成就，就与其在企业中推行的"管道理论"有关。在这一企业哲学的指导下，盘龙云海形成了"健康人类"的企业精神，而这一体现盘龙云海追求与道德义务的企业精神，在实际工作中，表现出来的则是一种服务奉献精神、友好合作精神、团结一致精神、奋发向上精神、创造与创新精神。作为企业哲学的"管道理论"，因此成为盘龙云海迅速崛起的逻辑起点。

但要记住一点，人不是机器，将人视作机器往往收效甚微。李嘉诚有一句话讲得非常好：一个人成就大业需要什么呢？我们认为需要的是"基本功"。"基本功"又是什么呢？是指一个人的素质和能

构建企业文化：基业长青的最强大引擎

力。的确，任何人没有素质和能力，要想去实现自己的大业，无疑等于空想。美国著名成功学大师皮鲁克斯在《成功大业的潜能》一书中说：成就大业的基点就是一个人素质和能力的高度结合，凡是成功者，在这方面都是出类拔萃的。

不错，人都是有情感需求、愿望和各种感受的。他们希望得到别人的关心，也希望得到别人的尊重，他们也有自己的动力来源。如果你不关心他们，不尊重他们，不为他们提供动力来源的机会，他们不会愿意帮助你实现组织的目标或你个人的目标，除非这一过程也能使他们自己的愿望和需求得到满足。

事实上，任何一个企业家都在潜意识上很重视企业文化，为什么呢？作为老板，你是不是整天考虑如何让员工愿意和你同舟共济，如何让他们提高工作效率，如何让员工认同你的企业发展目标并为之奋斗？其实每个老板都会考虑企业凭什么来凝聚员工，这就是企业文化要解决的问题。所以，任何一个企业都需要企业文化，比如中小型企业与大型企业在文化建设上是有区别的。在中小企业里，关键在于如何塑造企业文化。在大型企业里，企业组织层次多，信息传递路径复杂，可能更需要一些系统的文化运作方法。而中小型企业，可能就一百多员工，信息沟通较为顺畅，不需要太多的形式，或系统的东西，它要重点放在如何让核心理念深入人心的工作上。

一个企业，如果想发展成为大型企业，现在就必须做大型企业要做的事，想成为一个卓越的公司，现在就必须做卓越公司应该做的事情，这样才有可能成为大公司或卓越公司。比如东软集团的"以人为本，追求企业、个人与社会共同进步"就很好，这是东软的领导在追求卓越的过程中提出的，这是一种富有使命感的企业文化。

对传统企业文化的转变

一个有文化底蕴的企业就像一个有文化素养的人一样,必然会在自己的言行中表现出自己良好的文化、良好的素质,这就是我们通常所说的行为模式。对企业来说,只有认识到这种行为模式,自然而然便产生了这样的后果:与社会文化不同,企业文化是某一特定群体的文化,因而,它也表现出与社会文化不同的特点。

第一,老板必须将他对企业未来的发展思路和员工进行充分沟通,也就是我们通常说的构筑共同愿景。企业在创业时期往往有很多不确定因素左右企业发展,如果老板能够经常和员工交流,使员工知道企业的发展方向,并且让他们感觉也是企业当中的一份子,这种激励是用金钱不能够替代的,而这个时候有效沟通比大型企业更为有效,员工也能够很快明白老板的思路,没有太多形式上的条条框框,很容易引起员工的共鸣。

第二,核心价值观的确定。作为企业,核心价值观就好像是一个人的灵魂,它是一个企业得以生存的理由,所以企业要做的事情就是将企业最重要的理念提炼出来就行了。

第三,将核心价值观无时无刻地体现在行动当中。作为老板要身体力行,不断跟员工沟通,形式不要太多,内容简单明了,最基本的核心内容要通过行动去体现,以后有必要可以增加一些形式上的内

构建企业文化：基业长青的最强大引擎

容，例如公司的刊物，公司的歌曲等。

世界头等经济大国美国十分重视企业文化的构建,这是其经济能迅速发展的重要原因之一。美国的企业文化具有以下特征：

特征一：重视自我价值的实现

美国著名的苹果电脑公司认为，要开发每个人的智力闪光点的资源。"人人参与"、"群言堂"的企业文化，使该公司不断开发出具有轰动效应的新产品。强力笔记本式苹果机就是其中之一。IBM公司认为，责任和权力是一对孪生兄弟，要使职工对工作负责任，就必须尊重人、信任人，并给予实际的自主权。3M公司的新事业开拓小组的所有组员都是自愿来参加的，他们有高度的自主权。只要小组达到公司的绩效标准便可得到好处，即使失败了，公司也保证小组成员原来的职位和待遇。异想天开、离奇的想法在3M公司都能得到理解和宽容，科学的设想在3M公司总能找到归宿。

特征二：提倡竞争和献身

竞争出效益,竞争出成果，竞争出人才，但竞争的目的不在于消灭对手，而在于参与竞争的各方更加努力工作。美国企业十分重视为职工提供公平竞争环境和竞争规则，充分调动其积极性，发挥他们的才能。如IBM公司对员工的评价是以其贡献来衡量，提倡高效率和卓越精神，鼓励所有管理人员成为电脑应用技术专家。福特汽车公司在提升干部时，凭业绩取人，严格按照"贵以授爵,能以授职"的原则行事。福特公司前总裁亨利·福特说："最高职位是不能遗传的，只能靠自己去争取。"

特征三：奖励创新

美国许多企业都用不断创新来保持自己的优势。杜邦公司成功的经验是发扬不停顿精神，不断开发新产品，3M公司的成功在于创新有绝招,招招都很妙。3M公司不轻易扼杀一个设想，如果一个设想在3M各部门找不到归宿，设想者可以利用15%的工作时间来证明自己的设想是正确的。3M公司还能容忍失败。"只有容忍错误,才能进行革新。过于苛求，只会扼杀人们的创造性。"这些是3M公司的座右铭。成功者受到奖励、重奖，失败者也不受罚。3M公司董事长威廉·麦克唐纳说:"企业主管是创新闯将的后台。"

特征四：利益共享

美国许多企业实行股份制。通过职工持股，使其除工资收入外还能分到红利。此外还增加了职工参与经营管理的权利,提高了他们的身分、地位和安全感，美国最大的连锁店沃尔·马特公司、有着"旅店帝国"之称的希尔顿公司，均将一部分股份作为工资或福利分给职工。惠普公司等还通过增加职工的福利(如为子女提供助学金)，让职工共享公司成果。

一般企业文化建设要经过几个阶段，首先是自发形成阶段、其次是塑造阶段、培育阶段、巩固阶段和创新阶段，最后又回到培育和巩固阶段。自发形成阶段一般时间较长，因为这段时间一般是企业的创业时期，大部分企业家只顾着赚钱，忽略了文化建设的重要性。所以，如果企业一开始就高瞻远瞩，重视企业文化建设，塑造一种强势和个性的企业文化，那文化自发形成的阶段就会大大缩短，从而促进企业的快速健康发展。这就是为什么有的企业不仅能够生存下去，而且能够成为卓越公司，而有的企业却只是昙花一现的最好理由。所以我认为:

1.成功的企业文化促进员工的发展，鼓励员工最大限度地影响组

构建企业文化：基业长青的最强大引擎

织。这类文化有专门的计划和程序，帮助员工发挥主动性，设定更富有挑战性的目标、更富创新精神、成为更好的领导者和管理者。总之，为其所在部门的成功、为组织整体的成功承担更多的责任。

2. 为能力出众的员工开辟施展才华并对组织产生重大影响的途径。如果员工想出提高效率的好办法，就应予以实施，员工也应就此贡献得到表彰。

3. 创造出使员工全身心投入工作、迎接挑战并积极工作的氛围。企业领导层负责聘用、培养经理层，经理层再进一步调动下属员工的积极性。他们调整岗位和团队的结构，从而使员工始终处在兴奋状态；他们帮助员工提高劳动技能和工作能力。对员工而言，工作使他们引以为荣。

4. 通过薪酬和表彰机制奖励员工的出色绩效和对组织成功做出贡献。奖励可以是经济上的，但也不排除许多人同样看重的其他奖励形式。这些形式有对其贡献予以记功或表彰，提供升职的机会，提供使员工能力得到提高的培训和培养的机会，提供富有挑战性、刺激性及对组织至关重要的工作机会。如果员工对组织产生重大影响，但又未能因此受到奖励，那就只能等着看他们投向其他更赏识他们的组织。

改造企业文化

在改造企业文化的努力过程中，会有大战役，也会有小冲突，而且有输有赢。你必须精心挑选要打的战役，挑战是巨大的，但值得你为之竭尽全力。如果你成功地改变了企业文化，你将创造出一种帮助人们最大限度地发挥自己并为公司做出最大贡献的工作环境。这种文化使员工的生活更富有挑战性、更激动人心，使公司更加成功，客户更加满意，而你则为自己的领导才能更感自豪。

做企业，小有小的好处，大有大的难处。在全美航空业的竞争空前激烈时，资本实力比不上美联航、新大陆的西南航空公司却连年赢利，使行业内的老大们也不得不服。为什么呢？

西南航空公司在"缩短门到门的旅行时间"的战略指引下，提出了为顾客创造"快乐旅程"的目标口号。很多乘坐过其航班的顾客都曾亲眼所见：为了大家能够体验到"快乐"旅程的承诺，西南航空公司的董事长曾多次在候机室里扮成兔子模样，逗得大家开怀大笑，这样的服务真可谓是做到了家。为了切实履行"快乐旅程"的承诺，西南航空公司招聘空中小姐时，在所有的必要素质前面加了一条："必须会讲故事、笑话，并且能把顾客们逗乐"，哪怕你所有考试都通过了，这一条达不到标准，也不能通过考试。坐过西南航空公司飞机的乘客都有深刻的体验，往往是一上飞机就笑个不停，脸上的笑容还未

构建企业文化：基业长青的最强大引擎

褪去，飞机已经降落在目的地了。西南航空公司将"快乐旅程"的差异化定位切实地落实到了产品、服务、人员、形象等各方面。公司所有人员，上到董事长企业领导者、下到各级员工都身体力行这一承诺，顾客感受到的是快乐和真实、守信的企业形象。

为了节约成本，构筑自己和大公司竞争的成本壁垒，他们采取了系列战术，诸如：统一737机型、节省零件费和技师工资；只飞短途航程，不提供行李转机服务、缩短飞机起降时间，增加飞行班次；不提供机上餐饮，空出空中厨房设备，多加座椅，增加载客率；在一系列减低成本的措施下，他们吆喝出了"低票价"策略：同样的航程，别的公司机票150美元，西南航空公司仅售价80美元；

吸引了大批工薪族和小公司职员趋之若鹜，纷至沓来。

明知如此，美联航却不敢模仿西南航空公司的战略，因为他们清楚，如果盲目模仿的话，其为初始化战略投入的大量资源将丧失作用，反而会酿成巨大亏损。最后小小的西南航空公司最终迫使美联航、新大陆这些大公司甘拜下风。西南航空公司老板甚至公开向美联航这些大公司叫板："大家最好不要抢我的短线航程，否则我就以目前的战略来抢你的长线生意"使这些老板们三缄其口，"不敢高声语，恐惊西航人"。

理查·德布兰森的维珍航空以租用的几架飞机居然抢了英航这个庞然大物的航线，最终成为著名的公司。微软以小博大，最后居然打败了IBM这头巨兽，十几年时间就从当年IBM和王安电脑的一个代理商一跃成为世界级的IT巨头。如果当年微软只为尽快做大，一天到晚不研发技术、不聚集人才、也不锤炼自己的核心竞争优势，只是像现在的中国企业一样一天到晚忙着兼并、收购、联盟，把一大批独木舟绑成航空母舰那么大，然后还用柴油发动机开着它去太平洋打仗吗？

小有小的好处，不切合实际情况，盲目追求做大，只会越做越糊涂，当你轰然倒下的时候，你就会爬不起来。在全球市场上，中小企业赚钱的多的是，不怕个子小，就怕没头脑。

我认为美国学者Daniel Denison的"Denison 企业文化模型"有其独到之处。它是在对一千多家企业、四万多名员工长达15年研究的基础上建立起来的。它用60个项目集中考察企业文化的四个维度：应变能力、愿景及目标、一致性、员工参与。

应变能力与愿景及目标两个维度是组织关注外部的程度，反映了企业是否顺应外部经济、政治、社会环境的变化适时地做出相应的改变和调整。

一致性与员工参与两个维度反映了组织关注内部的程度，它要求企业具备对内部系统、结构和流程进行动态的整合，以满足组织目标的实现。

应变能力与员工参与两个维度又反映了组织的灵活性，即以市场、客户为导向的创新能力。

愿景及目标与一致性两个维度要求组织具有相对的稳定性，使得企业有自己的发展方向和目标，并且强化员工对企业的忠诚和归属感。

应变能力、愿景及目标、一致性、员工参与四个维度与企业经营业绩密切相关，包括利润率、产品质量、销售增长率、创新能力、员工满意度等。该模型对企业文化的四个维度又分别从三个方面进行测量。

维度一：员工参与

提升个人能力、增强认同感以及责任感

1. 授权——个体有管理自己工作的权力、主动性以及相应的能力。授权是建立员工对企业的主人翁意识和责任感的基础。

2. 团队合作——提倡合作以达成组织共同的目标，并使员工认同。

3. 个人能力的提升——组织为提升员工个体能力进行长期的持续的投入，目的在于保持企业的竞争力以及满足市场的需要。

维度二：一致性

对有生命力的企业文化的基础——核心价值观的认同

1. 核心价值观——组织成员对一组价值观以及期望、目标的认同程度。

2. 一致性——在关键事件上组织成员能够达成一致，这取决于组织成员深层价值观的一致性，以及当不同意见发生时，妥协和取得一致意见的频率。

3. 合作和配合——不同职能部门能够为了组织共同的目标很好地合作，不会由于部门之间的界限影响工作的完成。

维度三：应变能力

将组织外部环境的需求转变为行动的能力

1. 创新——组织能够敏感地了解商业环境，快速地对变化做出反应，并且可以预见未来的变化。

2. 关注客户需求——组织了解客户的需要，做出相应的对策。关注客户体现了组织行为以满足客户需要为导向的程度。

3. 学习的组织——组织将从商业环境中得到的信息变为激励创新、获得新知识和发展新的竞争能力的机会。

维度四：愿景及目标

组织发展的长远而有意义的方向

1. 愿景——组织有一个获得很高认同的未来组织的状态，它涵盖了核心价值观，是企业发展的灵魂，并为企业发展指明了方向。

2. 战略发展目标和方向——组织在本行业确立什么样的地位的发展目标。明确的战略定位清晰地表明了组织的目标，并且使每个员工明了努力的方向。

3. 具体目标——清晰、可操作的具体目标从组织愿景中发展而来，并指导员工的具体工作。

从上述分析可以看出，该模型不仅有其研究和学术价值，同时由于它从具体的商业运营环境中发展而来，直接与组织经营业绩相联系，易于应用，并且由于该模型已经建立了500多家企业的常规模式，因此它有相对较好的可靠性。如果你能对"Denison 企业文化模型"进行综合、全面的概括，你就能研究出一个有效的实用的方法。

构建企业文化：基业长青的最强大引擎

文化变革

美国通用电气公司，简称GE，是该公司英文的缩写形式，也是该公司产品的品牌标志。

美国通用电气公司的历史最早可追溯到1878年爱迪生创建的电灯公司。1892年，爱迪生通用电器公司和托马斯—休斯顿电气公司合并，命名为通用电气公司。目前，该公司在全球100多个国家经营生产，并在26个国家拥有250多个工厂，员工近30万人，销售额与利润长期居世界500强之前茅。

1998年7月7日成为第一家市场价值超过3000亿美元的企业；与1981年相比，17年市价增值25倍。据《财富》杂志1999年全球最大企业500家排行榜资料显示，通用电气公司当年的营业收入为1004.69亿美元，利润为450亿美元，资产额为3559.35亿美元。

美国通用电气公司的文化变革理念，表现为"GE"善于"掌握自己的命运"，善于掌握企业中人的情况和潜能，善于聘用和选拔优秀的管理者，而其核心则是通过领导者言行将所确定的企业发展战略、企业目标、企业精神传达给公众，争取全体员工的合作，并形成影响力，使相信远景目标和战略的人们形成联盟，得到他们的支持。

1. "掌掘自己的命运"

GE在1981年时，生产增长远远低于日本的同类企业，技术方面的领先地位已经丧失，公司利润在15亿美元左右徘徊。当时的总裁琼斯任命韦尔奇接替他的位置。韦尔奇上任后，从文化变革入手创建了一整套企业文化管理模式。韦尔奇指出，世界在不断变化，我们也必须不断变革，我们拥有的最大力量就是认识自己命运的能力，认清形势、认清市场和顾客、认清自我，从而改变自我，掌握命运。这个阶段企业确立的目标是"使组织觉醒，让全体员工感到变革的必要性"。韦尔奇提出了著名的"煮青蛙"理论：如果你将一只青蛙丢进滚烫的热水中，它会立即跳出来以免一死。但是，你将青蛙放进冷水锅中逐渐加热，则青蛙不挣扎，直到死亡，因为到水烫得实在受不了时，青蛙已无力挣扎。韦尔奇告诫员王，GE决不能像温水中的青蛙那样，面临危险而得过且过，否则不出10年企业必定衰败。

这个改革过程经历了5年，在这5年中韦尔奇顶住了来自各方面的压力。当时员工关心的是自己的晋升和职业保障而不关心企业的改革和文化的变革。韦尔奇启发大家，公司必须在竞争中获胜，必须赢得顾客才可能提供职业保障，企业发展了，职工才有晋升的机会。一句话，是市场和顾客提供了职业保障和职位，企业必须面对现实、面对市场、满足顾客的要求，这样企业才可能保障员工的基本需求和所有福利。他努力使GE人感到GE是自己的事业，是实现理想和自身价值的场所，并应以此心态经营企业。

韦尔奇认为，管理的关键并非找出更好的控制员工的方法，而是营造可以快速适应市场动态和团队合作的文化机制，给员工更多的权力与责任，让员工与管理者实现互动。美国康柏电脑公司董事长本杰明·罗森指出，正是由于韦尔奇对该公司的企业文化作了成功的改革，创立了快速适应市场动态和团队合作的文化机制，使GE成为企业界的奇迹。

2. 情感问题与人的潜能

韦尔奇认为，原先的科学管理回避企业中人的情感问题，而人总是带着情感工作的。韦尔奇努力开发情感潜能的巨大力量，主张要赢得员工的"心"和"脑"，公司员工心往一处想，企业才有凝聚力，大家开动脑筋，人的聪明才智才能发挥出来。心和脑的潜能都用在企业发展上，大家都来为企业的未来描绘蓝图，为实现企业的目标而努力，企业就无往而不胜。

公司的策略是对资产进行重新组合，只保留那些在市场上出类拔萃的下属公司，达不到这个目标就出售或关闭，同时购进服务性企业(银行、保险公司、无线电公司)，发展高科技企业。为了使全体管理者和员工在这个问题上达成共识，公司用"自由辩论"的办法来进行各方面、各个层次人员的沟通。韦尔奇认为，真正的沟通不是演讲、文件和报告，而是一种态度，一种文化环境，是站在平等地位上开诚布公地、面对面地交流，是双向的互动。只要花时间做面对面的沟通，大家总能取得共识。GE有一个培训中心，每年可以培训1万名企业骨干，在这个培训中心，企业员工可以和总裁进行面对面的辩论，也可以抒发不满、提出问题和建议，目的是培养员工自信、坦率和面对现实的勇气。对于员工提出的问题，主管必须采取行动，组织员工目标小组提出解决方案，到目前已经有20多万人参与了这项活动。公司还抓了以下四项工作：①建立信赖，每个GE人都要坦率直言，不必担心因提意见而影响到自己的前途；②赋予员工权力，第一线的员工掌握的信息往往比一些顶头上司更多，公司要求管理者给予第一线工人以更多的权力与责任；③清除不必要的工作，缓解员工过度的负荷；④

建立GE新范例：把公司塑造成不分彼此的新组织——消除公司各职能部门的障碍，除去阻碍人们彼此合作的"管理阶层"、"职员"、"工人"之类的标签，铲除公司对外联系的高墙，进一步搞好服务顾客、满足顾客的工作。

3. 把聘用和选拔优秀的管理者作为最关键的问题

聘用和选拔管理者是企业最难处理的问题，也是企业最关键的问题。韦尔奇说过，只顾企业的短期利益，任何人都能做到，只顾长期利益，任何人也都能做到，如何平衡这两者最难，能妥善地平衡这两者的管理者才是最好的管理者。琼斯用了7年的时间才将韦尔奇从一批优秀的候选人中选拔出来。在人力资源管理中，选拔人才的科学管理方法是最重要的。通用电器公司选拔人才分三个阶段；

第一阶段，由EMS（公司选聘专业委员会）负责人员进行初评和筛选，并向总裁汇报。EMS是员工关系科层制度内的一个精英主体，它的主要功能就是评估合乎规划最具体的主管规划，这些人员除了记载候选人的绩效表现外，还根据他们的主观印象、评价等制作"成就分析报告"。

第二阶段，由总裁亲自对被圈定在小范围内的候选领导进行面试、笔试等综合测评，内容包括意志力、机智、聪明才智、自信、变革意识、自我管理能力、同情心、吃苦耐劳精神等15个测评项目。

第三阶段，将EMS制作的"成就分析报告"和总裁的测评意见提交董事会，由董事会最后作出裁决。

上述通用电气公司的选聘程序反映了西方大企业成熟和模式化的选拔人才方法，一丝不苟的琼斯坚持挑选总裁必须对每个候选人作长期的考察，最后理性地确定最具有资格的人选。这个结果成为企业史

构建企业文化：基业长青的最强大引擎

上继承规划的最佳典范，也显示了独具慧眼的琼斯作为管理决策者的过人才智和美德。

4. GE的企业文化理念的核心

一个公司的文化从一定意义上说是企业家管理理念的集中体现。为了使企业能更具竞争力，能更好地沟通，在"硬件"上，GE舵主韦尔奇通过他著名的"数一数二"论来裁减规模，进而构建扁平化结构，重组通用电气；在"软件"上，则尽力试图改变整个企业的文化与员工的思考模式。

韦尔奇曾说过，"如果你想让车再快10公里，只需要加一加马力；而若想使车速增加一倍，你就必须要更换铁轨了。资产重组可以一时提高公司的生产力，但若没有文化上的改变，就无法维持高生产力的发展。"

韦尔奇在谈到企业领导的"忙碌"时说："有人告诉我他一周工作9个小时，我会说'你完全错了，写下20件每周让你忙碌90小时的工作，仔细审视后，你将会发现其中至少有10项工作是没有意义的——或是可以请人代劳的。'"相比之下，我们就太喜欢"形式"了：赞美"勤奋"而漠视"效率"；追求"数量"而不问"收益"；甚至我们很多单位的工资都只简单地依据所谓"工作量"来制定。"勤奋"对于成功是必要的，但是只有在"做正确的事"与"必须亲自操作"时才有正面意义。我们不妨"勤奋"之前先问问自己，这件事是必须要做，是必须由我自己来做吗？那么在抽出时间与精力后我们该干什么呢？

韦尔奇的选择是寻找合适的经理人员并激发他们的工作动机。"有想法的人就是英雄。我主要的工作是去发掘出一些很棒的想法，扩张它们,并且以光速将它们扩展到企业的每个角落。我坚信自己的工作是一手拿着木罐,一手拿着化学肥料,让所有的事情变得枝繁叶茂。"

韦尔奇又提出了一个"扩展"的概念,其内涵是不断向员工提出似乎过高的要求。"扩展"的意思为:"当我们想要达成这些看似不可能的目标时,自己往往就会使出浑身解数,展现出一些非凡的能力;而且,即使到最后我们仍然没有成功,我们的表现也会比过去更加出色。""年终时,我们所衡量的并非是否实现了目标,而是与前一年的成绩相比,在排除变量的情况下是否有显著的成长与进步。当员工遭受挫败时,我会以正常的酬赏来鼓舞他们,因为他们至少已经开始改变。若是因为失败而受到处罚,大家就不敢轻举妄动了。"原来在通用电气,"扩展性目标"只是一种激励的手段,而并非考核的标准。

"精简、迅捷、自信"在韦尔奇眼中是现代企业走向成功的三个必备条件。首先,韦尔奇坚信,"单纯"意味着"头脑的清晰"和"意志的坚定",那么,"精简"的内涵是什么呢?一是内心思维的集中。韦尔奇要求所有管理人员必须用书面形式回答他设定的5个策略性问题,问题涉及到自身的过去、现在和未来,以及对手的过去、现在和未来。扼要的问题使你明白自己真正该花时间去考虑的到底是什么;而书面的形式则强迫你必须把自己的思绪整理得更清晰条理。二是外部流程的明晰。韦尔奇的办法是要求为各项工作勾画出"流程",从而能清楚地揭示每个细微步骤的次序与关系。当流程图完成后,员工便可以对全局一目了然,也可以理清哪些环节是可以被删除、合并与扩展的,使作业的速度与效率大大提高。其次,"光速"

构建企业文化：基业长青的最强大引擎

和"子弹列车"，是韦尔奇很爱用的词。他坚信：只有速度足够快的企业才能继续生存下去，因为世界的"脚步"在不断加快。他认为，世界正变得越来越不可预测，而唯一可以肯定的就是，我们必须先发制人来适应环境的变化。同时，新产品的开发速度也必须加快，因为现在市场门户的开关速度在不断加快，产品的生命周期在不断缩短。而"精简"的目的，正是为了更好地实现"迅捷"。简明的信息流传得更快，精巧的设计更易打入市场，而扁平的组织则利于更快地决策。最后，对于自信，韦尔奇给予了极大的重视，甚至他把"永远自信"列入了美国能够领先于世界的三大法宝。他认为迅捷源于精简，精简的基础则是自信。而培养企业员工自信心的办法就是放权与尊重："掐着他们的脖子，你是无法将自信注入他们心中的。你必须要松手放开他们，给他们赢得胜利的机会，让他们从自己所扮演的角色中获得自信。"

从韦尔奇的变革过程来看，他主要对以下方式作出了正确的认识：

1. 对理想文化的清楚认识。在改造企业文化的过程中，需要重新认识这一文化，使之成为员工灵感和动力的源泉。

2. 对组织使命感的陈述。企业远景目标和企业使命的结合说明了文化变革的必要性，同时也向员工、股东和客户传达了这种必要性的关键所在。

3. 支持和支撑理想文化的一整套价值观和原则。对更高目标的追求不断鼓舞着我们。如果你将远景目标和使命牢固地建筑在一整套催人奋进的价值观和原则基础之上，那么组织运作与奋斗目标之间将更趋和谐。同时，你也拥有了向陈旧的观念和信念挑战的基础，并进而以这些价值观为基础,达成新的共识并取而代之。

4. 帮助人们改变思维和行为方式的语言和思维框架。人们在遣词造句之中折射出其态度、信念和行为模式,建立一个共同的语汇库,使之包含你所追求的企业远景目标、使命和价值观,将有助于人们遵循远景目标来思考、行事。

5. 对当前企业文化的深入分析,以确定文化变革过程中的有利因素和制约因素。分析企业的用工、提拔、薪酬、生产、通信、技术、管理风格、决策机制等各项体制,以确定它们在实现理想文化的过程中如何起到支持和阻碍的作用。

6. 为创造理想中的文化,制定一整套目标,以促成信念、行为和体制上的变革。这些目标为组织指明方向,并为特定措施的形成和实施提供背景。

当今信息高度发达,信息的传播会冲破任何地域的阻隔,企业可以利用现代的通讯工具进行信息收集、信息发布、网上经营、计算机管理,实现全球化网络管理,从而大大提高工作效率。一个企业必须把自身定位在对发展有效的生态位上,有效地利用可获得的信息资源,从而促进自身的发展。

7. 确定一个包含了创新精神、战术思想、实施步骤和时间表等诸多要素的计划,其目的是开辟一条详尽的途径,将你从当前文化引向理想文化。这样一个计划包括特定的目标、实施步骤,以及到某一特定时间应该达到的明确而又可量化的结果。这是你和组织能够对之负责的作战计划。

8. 用以衡量、监控和改善通向理想文化进程的体制。其中包括用来经常性地衡量每项措施的进展情况的各项程序,以及为确保文化变

构建企业文化：基业长青的最强大引擎

革的正确方向而进行迅速调整的各种过程。

由此可见，没有任何一个领域会像文化变革那样需要领导艺术的作用。这一重任涉及范围之广不容低估。试想一下海尔成功的秘诀在哪里呢？我们就会发现，张瑞敏的"企业文化力量大"的观念起了重要的作用。他认为，企业文化，从它的载体或外部来看是一个品牌，但从内部来看就是一种价值观。如果全体员工都来认同这个价值观，就会产生巨大的力量。企业文化就是企业的一种价值观，海尔的企业文化就是要营造一种氛围，一种把个人奋斗同企业发展结合起来的氛围，使你在实现个人价值观的同时，也实现了企业的价值观。换句话说，企业的价值和企业目标被实现的同时，你自身的价值也得到了实现。那就是给每一个人都提供一种实现个人价值目标的氛围，海尔的企业文化，特别在中国企业的兼并重组中，发挥着巨大的威力。从而实现了行为变化与组织中员工人数相乘，你就会看到如果试图改变整个企业文化需要作出多么巨大的努力。

根据我的经验，没有任何东西能比改变企业文化更有意义，更富有挑战性。领导者真正能留给我们的不在于他们短期的成功或失败，而是他们创造出的文化品质。如果管理者和领导者能创造出以能力为基础的文化，并帮助人们充分发挥自己的潜能，他们将真正以此为荣。

但要记住，试图改造企业文化的领导者应该具备一整套领导艺术才能。理想的领导者应富有远见卓识。他们善于描述理想文化的前景，激励他人不仅希望得到新的文化，而且愿意投身于它的实现。他做出表率，使这一目标更为具体，并以实例告诉人们他们想要创造的是什么。他们善于沟通，能够将他们的使命、远景目标、价值观念和计划在组织上下传达。他们是导师、是教练,帮助人们看到自己的潜能、发现前途中的障碍、制定计划改变自己的行为。随着文化变革的进程,他们不断提供鼓励和支持。最终他们会看到这一进程可以被量化、控制并保持下去。

所以说,企业文化是一种从事经济活动组织内部的文化,它所包含的价值观念、行为准则等意识形态均为该组织成员所认可。一个战略计划的价值仅仅在于其各组成部分。企业文化变革的计划中,作为变革背景的思维框架是一个关键的因素。例如海尔企业文化的实践,就为我们提供了这样一个思维框架,同时也为帮助我们实现理想企业文化的理论体系和实践的核心树立了借鉴的榜样。

海尔的企业文化,给我们提供的就是一个新的观念。去海尔参观时,时任海尔总裁的张瑞曾对我说,企业文化,从它的载体或外部来看是一个品牌,但从内部来看就是一种价值观。如果全体员工都来认同这个价值观,就会产生巨大的力量。

但对这种观念的理解,首先要明白,企业文化就是企业的一种价值观,海尔的企业文化就是要营造一种氛围,一种把个人奋斗同企业发展结合起来的氛围,使你在实现个人价值观时,也可以体现出主动性、影响力、团队精神、创新精神和战略思维的能力。唯有如此,才能实现企业的价值观。换句话说。企业的价值和企业目标实现的同时,你自身的价值也得到了实现。

那就是给每一个人都提供一种实现个人价值目标的氛围,这种氛围是决定个人表现是否成功的关键点。因为他们的成功在于是否将组织使命、远景目标和价值观念转化成具体的行为和行动方式,使员工理解并付诸行动。使他们沿着公司既定的目标前进,使企业形成一种

构建企业文化：基业长青的最强大引擎

务实、追求直接经济结果的文化。

不错，海尔的企业文化，特别是在中国企业的兼并重组中，就发挥着巨大的威力，他们不是重新购买机器设备，而是输出文化就实现了一切改变。由此可以看出，企业文化可以创造出改变员工行为方式的具体途径，使员工的行为与我们想要实现的理想文化相一致。

那么，我们如何去培育和凝集这样的文化呢？我们知道，人们在生活和实践中，常常会陷入复杂的陷阱，妨碍了自由的思考，就是因为欠缺简单。

海尔总裁张瑞敏曾说过："把简单的事做好了就是不简单，把容易的事做好了就是不容易。" 在一个企业组织里，要想使你的组织更有效率、更有活力，就必须让简单先行。例如当韦尔奇上任通用电气公司总裁时，通用公司的产品线既长且乱，许多产品都是亏损的，韦尔奇经过认真的考虑和分析，提出了数一数二原则，也就是必须把通用公司的产品做成本行业数一数二的产品，否则一律卖掉。经过多年来的发展，通用电气已经成为世界上最具有竞争力的综合性公司之一。

仔细考察和分析，当今世界最富实力的公司，几乎都遵循"简单至上"的原则。如微软多年来一直做WINDOWS系列办公软件，英特尔公司认真做芯片，戴尔做好自己的电脑直销，美国有线电视致力于滚动新闻的制作和发布。

因此，简单原则是企业发展壮大的最基本而又最有实效的原则。可是许多企业并没有把这项原则列为企业文化之中，他们还没有意识到简单原则是企业发展的最基本的原则，同时也是最有威力、最富实效的原则。

第一章
再造企业文化

也许你会觉得危言耸听。然而看过本书后你就会相信，这是一个企业的力量之所在。尤其是当你在制定企业文化时，一定要认识到"简单是一种美"，"简单至上"是企业持续成长的法宝，它们应该始终贯穿于企业的经营活动中。只有这样，我们才可以说，在这个文化决定企业能够走多远的时代，企业已别无选择，只有构建一个既简单又适应时代发展的企业文化，才能做大、做强、做久！

构建企业文化：基业长青的最强大引擎

企业文化是企业活力的内在源泉

企业活力最终来自于人，来自于人的积极性，只有人的积极性被调动起来，才能使企业最终充满活力。而人的积极性的调动，往往又要受到人的价值理念的支配。只有人在价值理念上愿意去干的时候，才会有内在的积极性，如果人对某件事在价值理念上不认同，即使是强迫他去干，也不一定会干好。他虽然会被动地执行命令去干这件事，但并没有内在积极性，因而不一定会干好，他在做这件事的过程中并没有自己内在的活力。所以，要让企业中的每一个人都能够积极地去从事某项活动，首先就要让他在价值理念上认同这件事。那怎样才能调动一个企业的活力呢？

调动企业的活力有多种，比如企业文化作为员工所信奉的价值理论，必然就会直接涉及到企业的活力，作为企业活力的内在源泉而存在。

在一个企业管理中，最常用的方法主要有调动员工的主动性，调动员工的灵活性，以此提高生产效率。

在管理诸因素中，人是最难管理的因素。自工业革命以来，管理思想经历了从唯理性到非理性，从硬性到柔性的变迁。员工，从最初只是个生产工具或是固定在机器上的一颗螺丝钉，到成为现代推动生产力发展的主力军，由奴役者变成参与者，由被动走向主动，其思想意识和生存地位均发生了巨大变化。

被命名为"诺基亚之路"的各种讨论会，则是诺基亚每年从下至上、从上到下的头脑风暴会。正是通过这种团队内部的交流与整合，迸发出新的思想火花，形成新的行动策略，而又迅速传达到全球每个区域、每个站点、每个员工。

"以价值观为基础的领导，以事实为基础的管理"，这是诺基亚领导企业的准则。

诺基亚的追求是永做典型的学习型组织。在诺基亚的企业价值观中，"不断学习"永远是对公司与员工的鞭策。它的具体要求是：勇于创新，不怕失败；头脑清醒，永不自满，思维开放。那种把发展看作是公司考虑的事情，对学习没有兴趣的人没有出路。只有在各种情况中都能抓住机会学习、愉快地享用知识的人，才是诺基亚人。

管理者最大的的心理负担之一就是他们觉得责任完全压在他们肩上，他们必须亲力亲为，否则工作就无法完成。此时他们就需要一种前瞻性的视角，即反映出这样一种迫切的要求，员工必须自主性进行工作，从而使自己和企业获得成功。

IBM（国际商用机器公司）是有明确原则和坚定信念的公司。这些原则和信念似乎很简单，很平常，但正是这些简单、平常的原则和信念构成IBM特有的企业文化。

IBM拥有40多万员工，年营业额超过500亿美元，几乎在全球各国都有分公司，对其分布之广，莫不让人惊叹不已，对其成就莫不令人向往。若要了解此一企业，你必须要了解它的经营观念。许多人不易理解，为何像IBM这么庞大的公司会具有人性化的性格，但正是这些人性化的性格，才造成IBM不可思议的成就。

构建企业文化：基业长青的最强大引擎

老托马斯·沃森在1914年创办IBM公司时设立过"行为准则"。正如每一位有野心的企业家一样，他希望他的公司财源滚滚，同时也希望能借此反映出他个人的价值观。因此，他把这些价值观标准写出来，作为公司的基石，任何为他工作的人，都明白公司要求的是什么。

老汉森的信条在其儿子时代更加发扬光大，小托马斯·沃森在1956年任IBM公司的总裁，老沃森所规定的"行为准则"，由总裁至收发室，没有一个人不知晓，如：

1.必须尊重个人。

2.必须尽可能给予顾客最好的服务。

3.必须追求优异的工作表现。

这些准则一直牢记在公司每位人员的心中，任何一个行动及政策都直接受到这三条准则的影响，"沃森哲学"对公司的成功所贡献的力量，比技术革新、市场销售技巧，或庞大财力所贡献的力量更大。IBM公司对公司的"规章"、"原则"或"哲学"并无专利权。"原则"可能很快地变成了空洞的口号。正像肌肉若无正规的运动将会萎缩一样。在企业运营中，任何处于主管职位的人必须彻底明白"公司原则"。他们必须向下属说明，而且要一再重复，使员工知道，"原则"是多么重要。IBM公司在会议中、内部刊物中、备忘录中、集会中所规定的事项，或在私人谈话中都可以发现"公司哲学"贯彻在其中。如果IBM公司的主管人员不能在其言行中身体力行，那么这一堆信念都成了空口说白话。主管人员需要勤于力行，才能有所成效。全体员工都知道，不仅是公司的成功，即使是个人的成功，也一样都是取决于员工对沃森原则的遵循。若要全体员工一致对你产生信任，是

第一章
再造企业文化

需要很长的时间才能做到的,但是一旦你能做到这一点,你所经营的企业在任何一方面都将受益无穷。

第一条准则:必须尊重个人

任何人都不能违反此这一准则,至少,没有人会承认他不尊重个人。

毕竟在历史上许多文化与宗教戒律上,也一再呼吁尊重个人的权利与尊严。虽然几乎每个人都同意这个观念,但列入公司信条中的却很少见,更难说遵循。当然IBM并不是唯一呼吁尊重个人权利与尊严的公司,但却没有几家公司能做得彻底。

沃森家族都知道,公司最重要的资产不是金钱或其他东西,而是员工,自从IBM公司创立以来,就一直推行此行动。每一个人都可以使公司变成不同的样子,所以每位员工都认为自己是公司的一分子,公司也试着去创造小型企业的气氛。分公司永保小型编制,公司一直很成功地把握一个主管管辖十二个员工的效率。每位经理人员都了解工作成绩的尺度,也了解要不断地激励员工士气。有优异成绩的员工就获得表扬、晋升、奖金。在IBM公司里没有自动晋升与调薪这回事。晋升调薪靠工作成绩而定。一位新进入公司的市场代表有可能拿的薪水比一位在公司工作多年的员工要高。每位员工以他对公司所贡献的成绩来核定薪水,绝非以资历而论。有特殊表现的员工,也将得到特别的报酬。

自从IBM公司创业以来,公司就有一套完备的人事运用传统,直到今天依然不变。拥有40多万员工的今日与只有数百员工的昔日,完全一样。任何一位有能力的员工都有一份有意义的工作。在将近50年的时间里,没有任何一位正规聘用的员工因为裁员而失去1小时的工

构建企业文化：基业长青的最强大引擎

作。IBM公司如同其他一样也曾遭受不景气的时候，但IBM都能很好地计划并安排所有员工不致失业。也许IBM成功的安排方式是再培训。而后调整新工作。例如在1969年到1972年经济大萧条时，有1.2万IBM的员工，由萧条的生产工厂、实验室、总部调整到需要他们的地方。有5000名员工接受再培训后从事销售工作、设备维修、外勤行政工作与企划工作。大部分人反而因此调到了一个较满意的岗位。

有能力的员工应该给予具有挑战性的工作。好让他们回到家中，回想一下他们做了哪些有价值的事。当他们工作时能够体会到公司对他们的关怀，都愿意为公司的成长贡献一技之长。IBM公司晋升时永远在自己公司员工中挑选。如果一有空缺就由外界找人来担任，那么对那些有干劲的员工是一种打击，而且深受挫折、意志消沉。IBM公司有许多方法让员工知道，每一个人都可使公司变成不同的样子，在纽约州阿蒙克的IBM公司里，每间办公室，每张桌子上都没有任何头衔字样，洗手间也没有写着什么长官使用，停车场也没有为长官预留位置，没有主管专用餐厅，总而言之，那是一个非常民主的环境，每个人都同样受人尊敬。

IBM公司的管理人员对公司里任何员工都必须尊重，同时也希望每一位员工尊重顾客，即使对待同行竞争对象也应同等对待，公司的行为准则规定，任何一位IBM的员工都不可诽谤或贬抑竞争对手。销售是靠产品的品质、服务的态度，推销自己产品的长处，不可攻击他人产品的弱点。

第二条准则：为顾客服务

老托马斯·沃森所谓要使IBM的服务成为全球第一，不仅是在他自己的公司，而且要使每一个销售IBM产品的公司也遵循这一原则。

第一章
再造企业文化

他特别训令IBM将是一个"顾客至上"的公司,也就是IBM的任何一举一动都以顾客需要为前提,因此,IBM公司对员工所做的"工作说明"中特别提到要对顾客、未来可能的顾客都要提供最佳的服务。

为了让顾客感觉自己是多么重要,无论顾客有任何问题,一定在24小时之内解决,如果不能立即解决,也会给予一个圆满的答复,如果顾客打电话要求服务,通常都会在一个小时之内就会派人去服务。此外,IBM的专家们随时在电话旁等着提供服务或解决软件方面的问题,而且电话是由公司付帐。此外还有邮寄或专人送零件等服务,来增加服务范围。IBM公司还要求任何一个IBM新零件,一定要比原先换下来的好,而且也要比市场上同级产品好。服务的品质取决于公司训练及教育,在这方面,IBM已经在全球所属公司投下了大量的钱财,所提供的训练与教育是任何公司无法比拟的。相信在IBM公司受训所花费的时间超过任何一所大学的授课时间。每年,每一位IBM的经理要接受40个小时的训练课程,而后回到公司内教导员工。有时甚至定期邀请顾客前来一同上课。经营任何企业,一定要有老顾客的反复惠顾才能使企业成长,一定要设法抓住每一位顾客。最优异的顾客服务是能使他再来惠顾才算成功。

第三条准则:优异

对任何事物都以追求最理想的观念去做,无论是产品或服务都要永远保持完美无缺,当然完美无缺是永远不可能达到的,但是目标不能放低,否则整个计划都受到影响。公司设立一些满足工作要求的指数,定期抽样检查市场以设立服务的品质。从公司挑选员工计划开始就注重优异的准则,IBM公司认为由全国最好的大学挑选最优秀的学生,让它们接受公司的密集训练课程,必定可以收到良好的教育效

构建企业文化：基业长青的最强大引擎

果，日后定有优异的工作表现，为了达到优异的水准，他们必须接受优异的训练，使他们有一种使命感，一定要达到成功。IBM是一个具有高度竞争环境的公司，它所创造出来的气氛，可以培养出具有高度竞争环境的公司。它所创造出来的气氛，可以培养出优异的人才。在IBM公司里，同辈竞相争取工作成绩，又不断地强调教育的重要，因此每个人都不可以自满，都努力争上游。每个人都认为任何有可能做到的事，都能做得到。这种态度令人振奋。

小托马斯·沃森说："对任何一个公司而言，若要生存并获得成功的话，必须有一套健全的原则，可供全体员工遵循，但最重要的是大家要对此原则产生信心。"

在企业经营中，公司的任何运营都有可能改变。有时地址变更，有时人事变更，有时产品变更，有时公司的名称也变更，世界上的事就是这样不断变迁。在任何公司里，一个人若要生存，一定要有应变的能力。在科技高度进步的今日，社会形态与环境变化很快，倘若营销计划不能随机应变，可能会毁灭整个公司。你不是往前进，就是往后退，不可能在原处不动。在任何一个发达的公司里，唯一不能改变的就是"原则"。不论此"原则"的内容是什么，它永远是指引公司航行的明灯。当然公司在许多方面要保持弹性，随机应变，但对"原则"的信念不可变更，由于IBM有这三条基本原则做为基石，业务的成功是必然的。

公司内部必须不断地把其信念向员工灌输，在IBM的新进入人员训练课程中，就包含了如下课程："公司经营哲学、公司历史及传统。"谈公司的信念与价值观不能仅是空谈而已，至于能否让其在公司里发生作用，那是另外一回事。在公司里空谈无益，最重要的是：

运用策略、采取行动、切实执行；衡量效果，重视奖赏，以示决心。

　　IBM的新进销售学员无论在办公室或外出接洽业务，都能遵守公司的准则。他们知道，IBM准则"必须尊重个人"的真谛如何。他们一进公司开始就感到别人对待他们的方式是基于尊重原则，只要他们一有问题，别人再忙也来帮助他们。他们也看到，公司人员是怎样对待顾客的，也亲耳听到顾客对市场代表、系统工程师及服务人员的赞美。他们周围环境的人都在那里努力寻求优异的成绩。有关IBM公司的信念，常在所属公司中定期刊载，有关IBM优异服务之实例亦常在公司训练课程中讲授，在分公司会议中特别提出来，在邀请顾客参加的讨论会中亦提出介绍，主要目的是把公司的理想一再重复，以确保理想生存。

　　在调动起员工的自主性之后，能够快速、高效地适应环境变化，并对之作出反应的人具有很强的灵活性。灵活性强的人乐于接受新观念、视角、战略和所处的地位，并作出相应的反应。当他们发挥出最高的灵活性水平时，便能够对形势作出快速反应，他们提出富于创造性和创新性的想法和措施，哪些怕面临强硬的观点也敢于对其进行重新考虑。

构建企业文化：基业长青的最强大引擎

第二章
企业文化与精神的融合

> 企业精神文化是用以指导企业开展生产经营活动的各种行为规范、群体意识和价值观念，是以企业精神为核心的价值体系。集中体现在一个企业独特的、鲜明的经营思想和个性风格，反映着企业的信念和追求，是企业群体意识的集中体现。

构建企业文化：基业长青的最强大引擎

第二章 企业文化与精神的融合

企业文化的附加含义

20世纪80年代开始,"企业文化"这个概念开始风靡全球。人们渐渐发现,精神文化就像企业机体的神经中枢和潜意识,是其凝聚力和活力的源泉。有专家预言,21世纪的企业竞争,实质上就是文化的竞争。

儒家思想倡导道德文化的合理化,它指出,人之所以区别于禽兽,是因为天生就有良知,有仁爱之心,有道德本性。《孟子·公孙丑上》中说:"无恻隐之心,非人也;无羞恶之心,非人也;无辞让之心,非人也;无是非之心,非人也。恻隐之心,仁之端也;羞恶之心,义之端也;辞让之心,礼之端也;是非之心,智之端也。人之有是四端也,犹其有四体也,有是四端而自谓不能者,自贼者也。"

长久以来,以儒家思想为代表和核心的传统文化,早已牢固地沉淀于中华民族的血脉里,形成了长盛不衰的传统美德、人格价值及品行修养,不断激励着我们承担起人生责任、社会责任及时代使命。如果离开了这几千年的传统文化底蕴和三十余载的改革开放,就不会取得今天这令世人叹为观止的伟大成就。

在我看来,现代意义上的企业文化是与儒家思想有着极大渊源的。企业文化,说大就大、说小可小。大到包括群体意识、思维方式、信念(信仰)、精神面貌等企业环境的总和,小到一个人的衣着

构建企业文化：基业长青的最强大引擎

打扮、言行举止。它是全员价值、需求与行为的共同写照，所有人都要参与。他们的人生观——生活目的及价值、职业观——个人工作的意义、企业观——企业存在的理由，三者合一，共同构成企业的价值观。企业也应当整合不同的观念，形成统一的道德理念及规范，以增强凝聚力和向心力。

企业文化的本质是向善向上的，它塑造的正是一个积极向上、诚实守信、开拓创新、恪尽职守、思路开阔、协作分工的团体。《孟子·尽心上》中有语："仰不愧于天，俯不怍于人。"作为一个企业人，不论何时何地都必须忠诚敬业，正所谓："孔曰成仁，孟曰取义。惟其义尽，所以仁至。"诚实守信，是人人所希望见到的。《礼记·中庸》中也说："诚者，天之道也；诚之者，人之道也。"企业所追求的诸如此类关于人的精神品格和品行修养，就无一不是儒家思想的延伸、发扬和创新。

企业文化的力量非常巨大。许多事实证明，优良的企业文化至少有"四力"，即：规范力——约束人，从心理上行为上促使员工遵章守纪；导向力——号召人，引导人们把个人理想凝集成企业同一目标；凝聚力——团结人，人际关系和谐有序，内聚力强，员工精诚合作；激励力——鼓舞人，提升员工成就感与责任感，激励他们努力工作。

企业文化既源于儒家思想，但也是有区别的。它无形而复杂，表现形式也极为丰富，包括一个企业的环境文化、道德文化、管理文化、质量文化、学习文化、顾客文化和创新文化。

所谓环境文化，是指企业工作环境、人文思想、工作品质及人际关系的总和。环境文化非同小可，决定企业的效率效益。场所整洁有序、待遇优越、工作富有挑战及弹性、人人有归属感和成就感、可以得到尊重,这些人性化的工作环境,会赢得人们的热爱和珍惜。明基就是这样一个典范:办公室就是大家的小天地,布置装饰都依各人喜好;不论主管还是普通职员都是统一的开放式工作间;员工之间,上到总裁、总经理,下到新来的员工都直呼其英文名,毫无等级之分。这充满人情味的工作环境,使明基既是一个公司,又像一所大学,保持了活力和优势。

所谓道德文化,即儒家思想中的伦理道德,它是企业成员价值观、世界观、道德观的综合体。单纯的谋取利益,将无立足之地。企业必须提高自身伦理水平,行天道人道,以信为重、以人为本,为股东、员工、顾客和社会创造效益。明基一向注意与周围环境的相互协调,教育员工肩负社会责任,最大程度地回报社会,并常年致力于保护环境及生态平衡,实现更丰富的文化生活。就如《墨子·兼爱中》语:"视人之家,若视其家;视人之身,若视其身。"

所谓管理文化,是指企业的组织架构、战略管理、管理风格和管理思想。行政管理是基础,贯穿于企业全部过程。企业运营效率高低与否,取决于其能力水平。企业规模和灵活性同等重要,犹如鸟之双翼,缺一不可。不管经营规模如何,保持灵活性,快速反应,迅速出击,应是企业永远不变的思想。转变行政管理观念,转换行政管理职能,少一些监督、多一些服务,对于提高灵活性大有益处。

所谓质量文化,不应再是那些意识与观念,而是精神与形象。观念必须上升到经营范畴与战略层次,以共同愿景及价值观塑造质量道德及行为准则。追求质量卓越,以顾客的需要为始终。所谓顾客文化,就是理解、分析、增进顾客的满意度,超越其期望,强调他对企

构建企业文化：基业长青的最强大引擎

业的重要性。顾客不会轻易产生满意，除非超越其期望，让他拥有满足感和优越感，并使之深深感到，他对企业是多么重要。因此明基一直推崇"传递资讯生活的真、善、美"，使顾客在购买和使用最新科技产品的同时收获微笑与快乐。

很多时候，企业往往只关注外部满意，却忽略了内部（员工）满意，这是一个极其严重的错误。要知道，是员工在为顾客提供服务，如果前者无法满意，后者只能成为无源之水。治标更须治本，固本方可治标。管理者应明白，其职责之一就是要让员工满意，以此实现顾客满意。

所谓学习文化，就是企业要不断学习，建立学习型组织，提高应变能力。"玉不琢，不成器；人不学，不成仁。"真正的文盲，不是不识字的人，而是没有学习能力的人。一个企业，应该过程学习、终生学习、团队学习、组织学习。学习新知识、新技术、新思维，学习如何应对变化，应对国际竞争，只有这样企业才能在迈向世界的路上扬长避短、如虎添翼。

所谓创新文化，不仅是产品、技术上的创新，更在于体制与机制、观念与思路、结构与文化的创新。首届中国竞争力论坛指出，由于缺少创新，制约了中国企业闯世界的步伐。单靠产品或技术的创新，并不能满足企业长期发展的需要，而应不断进行深化、扩展至各个领域，铸就成一种文化，形成必要的战略思想。

以上这些企业文化的不同形式，是一个不可分割的共同体。它们相互影响、相互关联——道德文化是根本，环境文化是基础，管理文化是中心，创新文化是关键，学习文化是保障，顾客文化是方向，质量文化是重点。推进一个企业的文化建设，就如同经营一栋大厦，道德是其桩基，环境是其框架，管理是其物业，创新是其窗户，学习是其灯饰，顾客是其业主，质量是其布局。

现今社会文明得以空前发展，几千年的文化积淀，仍旧牢牢根植于人们的内心，企业经营管理受儒家思想的影响，十分深远。一个企业的文化，只有建立在优秀传统文化基础之上，其精神源泉和发展动力才能持久。当然，无可否认的是我国的儒家思想是具有一定的局限性和狭隘性的。在其群体意识范畴里，人与人有着严明的层别、社会具有严格的等级化：下一层必须听从于上一层，上一层拥有决定下一层的生死权。在这种金字塔式的人文思想的影响下，权力绝大程度集中在少数人手里，人际关系错综复杂，这对于凸现企业文化的力量、发挥团队优势是一大障碍。所以我们需要辨证的对待儒家思想，取之精华、弃之糟粕，这是至关重要的。

但无论如何，我们可以肯定地说，有了卓越的文化，企业将不战而胜！

广义上说，文化是人类社会历史实践过程中所创造的物质财富与精神财富的总和；狭义上说，文化是社会的意识形态以及与之相适应的组织机构与制度。而企业文化则是企业在生产经营实践中逐步形成的，为全体员工所认同并遵守的、带有本组织特点的使命、愿景、宗旨、精神、价值观和经营理念，以及这些理念在生产经营实践、管理制度、员工行为方式与企业对外形象的体现的总和。它与文教、科研、军事等组织的文化性质是不同的。

企业文化是企业的灵魂，它包含着非常丰富的内容，核心是企业的精神和价值观。其价值观不是泛指企业管理中的各种文化现象，而是企业或企业中的员工在从事商品生产与经营中所持有的价值观念。

构建企业文化：基业长青的最强大引擎

公司精神

做公司这么多年，发现许多公司拥有高素质的员工和高质量的产品，但他们却拥有不具有创造力的传统思维模式和管理方法，最终没能赢得市场，充满激情，快速发展。我发现有许多人在他们的公司内渴望一种精神化的理念，一种目标导向型的态度，领导者们在寻求创造它的途径，而员工们在工作中领会其中的意义，以期为其做出最大的贡献。也就是他们在寻找一种真正管理有效的方法，也就是试图树立起公司精神。

什么是公司精神呢？我在一次阅读中看到了一则有关"公司精神"的定义——将组织团结和凝聚在使命和愿景周围的一套价值观！由于"公司精神"是公司每一个成员都共同分享的，是关于将不同的观点以共同的目的所进行的统一。话听起来虽然有些绕口，但观点是明确的——公司无论大小，都必须有共同的目标：公司里的每一个人都可以有不同的意见，问题的关键是将不同的观点统一在共同的目标以及共同的价值观体系之下。

公司精神是一个对公司进行认识的全新的思路和理念。公司精神是一种以公司目标为核心的模式和方法，它是一种中心化模式，要求公司公里层必须真正地对公司负有责任，且在必要的时候能够将其权利置于公司核心之中。

第二章
企业文化与精神的融合

公司精神的核心目标是强化公司的能力，并将这种能力进行整合，以达到行为和意志的统一，而无论其市场如何。公司精神又是一个整体的概念，在这样的信念指导下，整个公司的管理是真正意义上的"精神化"管理，要将最低限制和内部会计核算抛在一边，数字和预算只会使你停步不前。而能够将一个公司引向成功的，是公司的理念，更明确地说，就是对公司的"精神化"管理，它是一种公司观念，是使消费者能够更加关注与其品牌有关的定性化内容及情感价值，并忠实于此。

相对于传统的管理方法和理念，一项新的规则将付诸应用和实施的时代即将来临——一个公司必须能够根据自己的理念和信仰，创造属于自己的规则——它的精神，这种精神将牢固地结合在一个远景共享且使命一致的体系和氛围中。

公司精神可以用以下的模型来做出最好的诠释，它综合了公司的内部文化，外部市场定位，以及整合的管理目标。公司精神包括三个内容：

(1)员工对本公司的特征、地位、形象和风气的理解和认同；

(2)由公司优良传统、时代精神和公司个性融会的共同信念、作风和行为准则；

(3)员工对本公司的生产、发展、命运和未来抱有的理想和希望。公司可以根据自己的情况提炼出能够充分显示自己公司特色的公司精神。

由此可见，公司精神是公司发展的基础，是市场竞争的前提条件。高明的领导者，总是首先在塑造公司精神上下工夫，真正体验"先为不可胜"。

构建企业文化：基业长青的最强大引擎

美国著名管理学者托马斯·彼得曾说："一个伟大的组织能够长期生存下来，最主要的条件并非结构、形式和管理技能，而是我们称之为信念的那种精神力量以及信念对组织全体成员所具有的感召力。"

有公司精神的公司，产品才有灵魂，才会被市场所接受和认可，才会体现出它的价值，只有贯穿了公司精神的公司，才能像日本松下那样，成为伟大的公司。

从公司运行过程中可以发现，公司精神具有以下基本特征：

特征一：它是公司现实状况的客观反映

公司生产力状况是公司精神产生和存在的依据，公司的生产力水平及其由此带来员工、员工家属对公司精神的内容有着根本的影响。很难想象在生产力低下的条件下，公司会产生表现高度发达的商品经济观念的公司精神。同样，也只有正确反映现实的公司精神，才能起到指导公司实践活动的作用。公司精神是公司现实状况、现存生产经营方式、员工生活方式的反映，这是它最根本的特征，离开了这一点，公司精神就不会具有生命力，也发挥不了它应有的作用。

特征二：它是全体员工共同拥有、普遍掌握的理念

只有当一种精神成为公司内部的一种群体意识时，才可认作是公司精神。公司的绩效不仅取决于它自身有一种独特的、具有生命力的公司精神，而且还取决于这种公司精神在公司内部的普及程度，取决于是否具有群体性。

特征三：它是稳定性和动态性的统一

公司精神一旦确立，就相对稳定，但这种稳定并不意味着它就一成不变了，它还是要随着公司的发展而不断发展的。公司精神是对员

工中存在的现代生产意识、竞争意识、文明意识、道德意识以及公司理想、目标、思想都具有稳定性。但同时，形势又不允许公司以一个固定的标准为目标，竞争的激化、时空的变迁、技术的飞跃、观念的更新、公司的重组，都要求公司做出与之相适应的反应，这就反映出公司精神的动态性。稳定性和动态性的统一，使公司精神不断趋于完善。

特征四：它具有独创性和创新性

每个公司的公司精神都应有自己的特色和创造精神，这样才能使公司的经营管理和生产活动具有针对性，让公司精神充分发挥它的统帅作用。公司财富的源泉蕴藏在公司员工的创新精神中，公司高层管理者的创新体现在它的战略决策上，中层管理人员的创新体现在他怎样调动下属的劳动热情上，工人的创新体现在他对操作的改进、自我管理的自觉性上。任何公司的成功，无不是其创新精神的结果。

特征五：它要求务实和求精精神

公司精神的确立，旨在为公司员工指出方向和目标。所谓务实，就是应当从实际出发，遵循客观规律，注意实际意义，切忌凭空设想和照搬照抄。求精精神就是要求公司经营上高标准、严要求，不断致力于公司产品质量、服务质量的提高。

特征六：它具有时代性

公司精神是时代精神的体现，是公司个性和时代精神相结合的具体化。优秀的公司精神应当能够让人从中把握时代的脉搏，感受到时代赋予公司的勃勃生机。在发展市场经济的今天，公司精神应当渗透着现代公司经营管理理念、确立消费者第一的观念、灵活经营的观念、市场竞争的观念、经济效益的观念等。充分体现时代精神应成为每个公司培育自身公司精神的重要内容。

　　公司精神一旦形成群体心理定势，既可以通过明确的意识支配行为，也可以通过潜意识产生行为，还可以通过潜意识产生行为。其信念化的结果，会大大提高员工主动承担责任和修正个人行为的自觉性，从而主动地关注公司的前途，维护公司声誉，为公司贡献自己的全部力量。

创建新文化与精神的结合

当一个企业在某个阶段通过扎扎实实的千锤百炼,形成了稳定的优势以后,往往也会形成巨大的文化惯性,这就意味着它要脱离已经成型的阶段向下一个阶段过渡是非常困难的,在此时就要认识到变化的重要性。

文化与精神的融合是一家企业得以茁壮成长的精髓。一个体魄健康的企业,不能没有文化,只有文化才能支撑它的持续发展。这对于一个员工来说,要带入到自己所在的公司中,这是需要艰苦的过程,每一位员工都要积极主动地、脚踏实地的在做事的过程中不断去领悟自己所在企业的核心价值,从而认同直至内化并接纳公司的价值观,使自己成为一个既认同公司文化,又能创造价值的合格员工。只有每一批员工都能尽早地接纳和弘扬公司文化,才能形成推动企业发展的企业精神文化(The spirit of enterprise culture)。

企业精神文化代表着企业广大员工工作财富最大化方面的共同追求,因而同样可以达到激发员工工作动机的激励功能。它包括企业哲学、企业精神、企业经营宗旨、企业价值观、企业经营理念、企业作风、企业伦理准则等内容,是企业意识形态的总和。

1.企业哲学是指企业在经营管理过程中提升的世界观和方法论,是企业在处理人与人、人与物关系上形成的意识形态和文化现象。

2.企业精神是企业全体或多数员工共同一致,彼此共鸣的内心态

构建企业文化：基业长青的最强大引擎

度、意志状况和思想境界。

3.企业经营宗旨是企业要达到或实现的最高目标和理想。

4.企业价值观是指企业在追求经营成功过程中所推崇的基本信念和奉行的目标，是企业全体或多数员工一致赞同的关于企业意义的终极判断。

5.企业经营理念主要指企业的生存价值、社会责任、经营目的、经营方针、经营战略和经营思想。

6.企业作风指企业员工对待工作的状态、情绪、信心、责任与习惯。

7.企业伦理准则是有关忠实和公正，以及有关诸如社会期望、公平竞争、广告、公共关系、社会责任、消费者的自主权和在国内外原公司行为等多种方面的行为准则。

另外，在这7个核心理念的指导下，还要形成企业的学习观、创新观、竞争观、人才观、服务观等，构成企业精神文化。

很多人在创业时，都会问这样几个问题：

到底什么样的公司能脱颖而出呢？

到底什么样的公司能基业长青呢？

到底什么样的公司有光明而荣耀的未来呢？

一棵参天大树能长多高，不取决于它往上努力的程度，而取决于它的根往下能扎多深。

美国的克拉克·科尔教授说，1520年以前全世界建立的组织，现在仍然用同样的名字、以同样的方式、干着同样的事情的只有85个，其中70个是大学，剩余的15个是宗教团体。

为什么大学能基业长青呢？因为它有一脉相承的组织文化和育人济

世的宗教情怀，以及根植于心的核心价值和精神。

北京同仁堂，始创于康熙八年（1669年），至今已经有340多年的历史。同仁堂以"修合济世"为己任，在选料上十分讲究，在制作上精益求精，严格遵循"炮制虽繁，必不敢省人工；品味虽贵，必不敢省物力"的祖训。因此，所制药品质量优良，疗效显著。这种"修合无人问，存心有天知"的敬畏及敬业精神，把他们的经营与关注人们的身体健康联系在了一起。

同仁堂正是有了核心的价值体系，使公司不断地发展传承，最终成为受人尊敬的百年老店。

今天中国的公司正处在一个处处都是机会的时代，也处在一个处处都是陷阱的战场。改革开放以来，中国的集团公司平均寿命只有7至8年，中小公司平均寿命只有2.9年，产品的平均寿命不超过2.7年。

我们的高科技公司如何呢？中关村是中国高科技公司的发源地和集中地，2006年6月15日在《中关村发展蓝皮书》发布仪式上，中关村协会联席会议主席王小兰说：中关村科技公司的平均寿命只有3.7岁。

为什么一些公司的寿命如此短？除经营管理不善之外，一个重要的原因就是缺乏核心价值观和明确的理念。

我常常去中关村海龙大厦、鼎好电子商城、中关村e世界购买些电子产品，每次去我总有一种感觉：中关村还是高科技产业区吗？这不就是电子产品集贸市场吗？中关村高科技的"魂"在哪里？

"万里长城今犹在，不见当年秦始皇。"一路走去，看着四通大厦还在那里矗立，科海大厦也依然挺立，中关村又建起了那么多办公大厦，不知当年风光一时的中关村创业者今安在?叱咤数年的"两通两海"（四通、信通、科海、京海）又去哪里了？这恐怕是由于缺乏核

构建企业文化：基业长青的最强大引擎

心价值和公司精神造成的吧！

一个能诞生、成长、壮大的公司一定是一个像比尔·盖茨说的那样，是有激情、有灵魂的公司。

IBM（国际商用机器公司）1911年成立，最初只是一个生产计时器、穿孔卡、统计分数机、称量器具等产品的小公司。1921年，美国经济衰退时几乎倒闭，IBM的创始人托马斯·沃森（老沃森），希望公司成为一家伟大的公司，而不是平庸的公司。1924年，公司改为现在的名字，老沃森提出了三条理念：

第一，必须尊重每一个人；

第二，必须为用户提供最好的服务；

第三，必须创造最优秀、最出色的成绩。

老沃森提出的这些理念提高了雇员的士气和效率，给公司带来了勃勃生机。在以后IBM的发展中，战略变了、产品变了、目标变了、组织结构变了、制度变了、人员换了一茬又一茬，唯一没变的是其核心的价值理念，终于造就了世界领先地位的"蓝色巨人"。

我的一位朋友当年在中关村倒卖电脑，直到今天，每次谈起来，他的眼睛还闪闪发光："那时才真叫赚钱啊，只要早上一开门，就有人大把地送钱来，一台电脑就能挣一两万啊。"而今，我这位当年在中关村小有名气的兄弟早已离开中关村，赋闲在家。

当年的老大四通公司1988年的营收就达10个亿，而当时联想还只是排不上名的小弟弟，而今，四通公司衰落了，联想却如日中天，为什么呢？

哲学家萨特说过，目前的存在什么都不能说明，生命的意义在于对未来的选择，你选择了什么，你就是什么。目前的存在什么都不能

第二章
企业文化与精神的融合

说明，生命的意义在于对未来的选择，你选择了什么，你就是什么。

当年中关村许多风光一时的公司的确是赚到了一些钱，但是都没有自己的核心价值观，没有形成自己的核心竞争力。自称"什么挣钱做什么"，结果竞争越来越激烈，利润越来越低，最后，早收手的自己还落下些钱，一直扛着的越做越小，把早先的积累都扔进去了。

四通公司风光之后就走上了"非相关多元化"的阶段，被称为"没有主业"的公司，我们来看看四通做的行业：

(1)电子计算机制造业；

(2)电子器件制造业；

(3)计算机设备维护咨询业；

(4)软件开发服务业；

(5)数据库服务业；

(6)文化、办公用机械制造业；

(7)照明器具制造业；

(8)通讯设备制造业；

(9)计算机应用报业；

(10)化学药品制剂制造业；

(11)糕点、糖果制造业；

(12)水泥制造业；

(13)信用合作社；

(14)证券经纪与交易业；

(15)其他非银行金融业；

(16)房地产开发与经营业；

(17)非金属矿物制品业；

构建企业文化：基业长青的最强大引擎

(18)网络服务业；

(19)电视传媒业；

(20)保险业。

各位，看了这个列表，就知道四通为什么衰落了吧。也许有人会说，四通衰落有政治因素、有内部斗争的因素，但是四通始终没想清楚自己想干什么，始终不知道自己的核心价值在哪里，这才是最致命的因素。

公司精神是关于人、以及如何将这些人以一种统一的精神团结起来，并为共同目的而共同工作的问题。

一个强有力的公司往往有以下三个条件之间的平衡特征：

(1)公司对自己的认识；

(2)公司希望将来得到的认识；

(3)市场对公司的评价。

公司这三方面的平衡性越好，它的个性特征就越突出——它的市场穿透力就越强。

公司精神的发展远不只是一个涉及公司价值的内部实践过程，还必须考虑外部市场定位的问题。坚实的市场地位是公司未来的关键，公司的主要任务是建立了市场地位并巩固它。一个公司是一个活生生、有生命的有机体，它必须时时刻刻向消费者揭示它的价值。因此公司精神必须反映内在公司与外部世界的联系，二者之间的桥梁至关重要。

《基业长青》作者吉姆·柯林斯说："公司领导应反复问自己：'如果世界上没有我们这家公司，人们会觉得缺少什么？'追问的过程，就是寻找核心价值的过程。如果人们丝毫不觉得缺少了什么，就说明你的公司没有核心价值,你的公司存在的理由也许只对你和你周围的少数人才有一点意义。""世界失去联想,人类将会怎样。"各位还记得联想这句广告语吗?与四通、科海、京海同为1984年成立的联想却走出了一条不同的道路。

1984年11月,柳传志等11人拿着计算机所所长曾茂朝给的20万创业费,成立了联想公司,他们开始也去倒卖彩电,结果一把就被骗走了14万。痛定思痛,柳传志想要做与众不同的东西,开发自己的产品。不甘于与"倒爷"为伍,也不愿沦为IBM、HP跨国公司的附庸。

不论联想初期十年以"技工贸"战略,还是以后的"贸工技"的调整,联想也搞过多元化,但它始终没离开自己的主业,也没放弃自己的理念。

2004年11月15日,联想在北京召开了主题为"纪念·思考"的20周年万人纪念大会,柳传志做了"继往开来,迎接联想新时代"的演讲,再次强调"产业报国"的思想。他说:"联想控股的最高追求,就是愿景,即以产业报国为己任,致力于成为一家在世界范围内具有影响力的国际化控股公司。"

当有记者问道:"如何将'产业报国'的思想用到那一万多外国员工的身上呢?联想的价值观要不要变?"柳传志答道:"这个问题我们也在思考,我想以后联想确实会觉得缺点什么,不提产业报国了,我们为什么干?"

没有理想的公司长不成巨人,有灵魂的公司有光明而荣耀的未来。柳传志说得多好啊!

构建企业文化：基业长青的最强大引擎

文化的基因

文化就是土壤，成功企业都存在一些令人惊讶的相类似的核心价值观念。那里的员工们似乎都具有一套与企业的有效原则相类似的生活有效原则，当他们以不同的方式说话、以不同方式综合、以不同方式确定优先程序时，他们都按下列的这一项或那一项要素来处理。

要素一：实事求是地面对发展与巩固的关系；

要素二：开诚布公地处理好企业与员工的关系；

要素三：形成尊重个性、集体奋斗的核心价值观念；

要素四：正确处理好集权与分权的关系，以及个人责任感与下放权力的关系；

要素五：创新与开放态度对待改革；

要素六：反馈与训导；

要素七：正确处理好个人与组织的协作关系。

从某种意义上讲，企业文化是建立在员工共性基础之上的共同理念，它使员工明白哪些是企业所允许的，哪些不是，从而了解自己的角色和责任。员工的个性也应该和公司文化统一起来，而不是不保持自己的个性而排斥文化。个性的发挥要受制于组织内分工协作系统，受制于组织层次上的职责与管理规范。

对于很多人来说，他们往往把不成功归结于坏运气，其实，很多人失败是由于他们错误的行为而导致的，只是他们没有注意到自己的

第二章
企业文化与精神的融合

错误而已。

这对所有的人而言，可能指的是要他在其所在的部门中成为一名好员工，但对其他人而言，可能指的是要他在更大的组织范围内成为一名有贡献的员工。但是，个人发展需要集体奋斗，这既是高科技产品要靠群体智慧的需要，也是规模化经营、大市场、竞争的需要，任何人都不能违背，不能为个性牺牲原则，牺牲组织。所以，在形成企业文化的过程中，必须对每项核心价值观念要规定有相应的企业文化体，以明确规定这个核心价值观念需要做到的具体行为。

上世纪80年代初，美国哈佛大学教育研究院的教授泰伦斯·迪尔和麦肯锡咨询公司顾问艾伦·肯尼迪在长期的企业管理研究中积累了丰富的资料。他们在6个月的时间里，集中对80家企业进行了详尽的调查，写成了《企业文化——企业生存的习俗和礼仪》一书。该书在1981年7月出版后，就成为最畅销的管理学著作。后又被评为20世纪80年代最有影响的10本管理学专著之一，成为论述企业文化的经典之作。它用丰富的例证指出，杰出而成功的企业都有强有力的企业文化，即为全体员工共同遵守，但往往是自然约定俗成的而非书面的行为规范；并有各种各样用来宣传、强化这些价值观念的仪式和习俗。正是企业文化——这一非技术、非经济的因素，导致了这些决策的产生、企业中的人事任免，小至员工们的行为举止、衣着爱好、生活习惯。在两个其他条件都相差无几的企业中，由于其文化的强弱，对企业发展所产生的后果就完全不同。

迪尔和肯尼迪把企业文化整个理论系统概述为5个要素，即企业环境、价值观、英雄人物、文化仪式和文化网络。

1. 企业环境是指企业的性质、企业的经营方向、外部环境、企业的社会形象、与外界的联系等方面。它往往决定企业的行为。

2. 价值观是指企业内成员对某个事件或某种行为好与坏、善与恶、正确与错误、是否值得仿效的一致认识。价值观是企业文化的核心，统一的价值观使企业内成员在判断自己行为时具有统一的标准，并以此来选择自己的行为。

3. 英雄人物是指企业文化的核心人物或企业文化的人格化，其作用在于作为一种活的样板，给企业中其他员工提供可供仿效的榜样，对企业文化的形成和强化起着极为重要的作用。

4. 文化仪式是指企业内的各种表彰、奖励活动、聚会以及文娱活动等，它可以把企业中发生的某些事情戏剧化和形象化，来生动地宣传和体现本企业的价值观，使人们通过这些生动活泼的活动来领会企业文化的内涵，使企业文化"寓教于乐"之中。

5. 文化网络是指非正式的信息传递渠道，主要是传播文化信息。它是由某种非正式的组织和人群，以及某一特定场合所组成，它所传递出的信息往往能反映出职工的愿望和心态。

第二章
企业文化与精神的融合

环境是改变企业文化的基础

杰克·韦尔奇说:"若没有文化上的以身试法,就无法维持高生产率的发展。"

其实,改变企业文化的困难程度对于企业的竞争对手来说也是一样的,并且受所处地理环境的限制。人们通常会从自己所处的环境来制定企业战略,而忽略了整个社会大环境。然而,企业的发展往往受到整个大环境的影响。因为从高级阶段往下退化,与从低级阶段往上演进,都应该从环境文化出发,提供创建一个新组织所需的环境文化。关于这一点,我们已经谈得很多,但真正能把企业生存的环境看作是一个有自己生命周期的动态系统的领导者却没有多少。这对于中国的企业领导者在创建自己的环境时是会受阻的,此时就需要认识到以下三点:

第一点:由于遭受环境的巨大冲击而发生跃变;

第二点:试图逐步适应环境而进行演变;

第三点:洞悉先机、改变规则以适应环境。

在企业界,独特的企业文化的强大影响力已经得到了企业家的广泛重视。每个企业都会形成自己独特的价值方式、风俗习惯、仪式、传统、风格和意图等,所有这一切都会影响企业成员的行为。

企业文化被称为一种软环境,它无形之中引着每个成员的行为。尤其是企业作为经济圈中的"生命体",从小到大、由弱到强,盛极

构建企业文化：基业长青的最强大引擎

而衰，同样要遵循生命的基本规律。失败是必然的，胜利却恰恰是偶然的。生存力是始终不可忽视的核心问题。在险恶的市场环境中，生存和发展永远是企业的两大命题。

事实上，企业环境在某一时刻，并不意味着事物十全十美，而在于对公司的员工和客户所产生的某一方面的满意，从而形成了企业存在和发展的基础，使企业可以进一步就获得资源改变环境。

20世纪90年代初，高新技术产业崛起，全球经济复苏，随之人们越来越清醒地认识到，以高度消耗非再生资源为特征的传统产业越来越难以支撑国家、地区的经济增长。高消耗造成成本过高、生态破坏、环境污染，已成为困扰全球经济发展的关键。美国未来学家由此提出"可持续发展"的重要思想。如今，可持续发展战略已成为各国政府和企业决策的重要原则，而对于毫无节制地掠夺性地进行资源开发的发展中国家，它则敲响了警钟。不发展不能生存，过度发展也会危害生存，生存与发展成了一个悖论，在发展中国家更加突出。

企业只要诞生就已捆绑在市场的战车上，面对每年每月每天的成长目标，不能有丝毫懈怠，只有向前挺进。为了在市场中立于不败之地，建立核心生存能力是关键中的关键。

所谓核心生存能力，就是维系企业生存的最基本技术、设备和资源条件。从投资到管理，从用人到市场开发，稳健的财务政策、慎重的决策、务实的业务计划、稳扎稳打的基础建设和管理等等，都是支持企业稳定发展的关键因素。

企业创建初期是资本积淀期，许多企业为了每天的"吃饭问题"而奔波，管理者亲力亲为、节衣缩食、如履薄冰，有朝不保夕的危机感。当企业有了一定的规模，在多角化投资、猎奇新的领域时，危机

第二章
企业文化与精神的融合

感就淡薄了，决策就轻率了，事实上此时更应三思而行。联想集团总裁柳传志反复讲"我们不做没有把握的事情"，可见，不管企业有多大，准备不足，仓促上马，都可能败下阵来。

在面对竞争对手咄咄逼人的挑战时，企业决策者如果不能审时度势，量力而行，从长计议，就可能贪图一时争斗之快，忘记自己有限的生存本钱。这种赌徒心态就会毁掉企业的立身之本。当今各行各业的市场竞争都相当激烈，人们从计划经济走过来后还没有见过这种阵势，缺乏远见的冲动、国有企业的心态，常常导致大打出手，以"降价"、"跳楼"、"免费午餐"等割肉方式换取市场的暂时优势，宁要市场量不要财务账，宁要占有率不要利润率，结果是严重伤害了企业的核心生存力，造成许多企业规模做大，利润下降。一些互联网企业心目中更是根本没有清晰的顾客、需求和服务概念，为追求"点击率"，为实现"圈钱、上市"的目的而选择"烧钱吸引注意力"的经营模式和营销手段，完全背离正常的企业行为，背离了企业的基本生存规则。

作为一个企业，形式和业务内容可以不同，但本质没有不同。如何认识顾客、服务顾客？如何确立基本商业模型？如何进行有效的营销推广？如何整合和转化资源，创造企业增值，这些都应该是互联网企业必须正视的基本问题，也是互联网企业生存的核心问题。

虽然我们常常讲企业的核心竞争力和可持续发展问题，但最根本的问题仍然是核心生存力。在这个浮躁的世界，没有真正见识过市场大风大浪的企业经营者都要驻足三思，遵循持续生存之道，无论现在或将来都永不过时。

我很欣赏海信集团总裁周厚健的一句话："海信要做强而不是要

构建企业文化：基业长青的最强大引擎

做大。只有做强才能做大。"

强，才是企业最终的决策标准。

从上述可以看出，培养企业生存的环境，建立完善可行的制度，进行人性化管理，企业才能具有新陈代谢功能，才能延年益寿。这正如IBM前总裁郭士纳所说："这一成功因素应该归功于企业领导者，这是因为企业领导者对市场、对社会的洞察力，以及个人品质已经深深地嵌入到了整个企业发展的文化之中。"

第三章

创建企业的核心价值观

> 核心价值观简单来说就是某一社会群体判断社会事物时依据的是非标准，遵循的行为准则。现阶段，社会主义核心价值观就是以人民为主体，以人民的利益为标准，在全社会实现平等、公平、正义的价值观。

构建企业文化：基业长青的最强大引擎

核心价值观

在很多公司里,产品是其发展的起点,而销售则是他们的终点,但在这个过程中,这家公司所具备的使命、愿景、核心价值观等则是公司经营的基础。这就像一位知名经济评论家所指出,在一家公司里,与使命直接相关的是公司的愿景,要达到某一目的,这家公司就必须有自己的发展目标和发展方向。但在这个过程中,如果公司没有统一的价值观,就无法把整个团队凝聚起来,就无法实现企业的赢利目的。企业的核心价值观就是企业在天天犯错误的时候,不会死亡。

那么,什么是核心价值观?公司核心价值观是公司愿景、使命据以建立及指导企业形成共同行为模式的精神元素,是公司得以安身立命的根本,是公司倡导什么、反对什么、赞赏什么、批评什么的基本原则。核心价值观在公司的文化体系中处于核心地位,是公司的灵魂。对于一个公司而言,人、才、物等是其借以生存的表现形式,而决定组织力量大小的则是一种看不见的精神元素,就是说,精神元素决定物质元素。

美国惠普公司的创始人休利特和戴威·帕卡德讲,公司组成的要素很多,但最重要的要素是人,人才即是一切,有人才,惠普就是最大的赢家。惠普创始人的这种价值观为后来举世闻名的惠普之道奠定了基础。松下幸之助本人也有他独特的价值体系,他对人品或人格极

构建企业文化：基业长青的最强大引擎

为重视。他认为："人格是人性中的真、善、美的综合体现。一个人格上有缺陷的人，其才能越大，越容易危害他人以及社会，在这种人身上，高超的才能是'恶的武器'，是'恶智慧'。"松下幸之助的核心价值观，为后来飞速发展的松下电器的公司文化定了基调。

美国兰德利公司对世界500强进行了20多年的跟踪，1998年完成调查报告，揭密了企业百年不衰的奥秘就是企业要紧紧抓住企业核心价值观，将其作为构建企业心智模式的支柱，它本质是一种价值定位。卡耐基说："将我的所有的工厂设备、市场、资金全部转走，但是只要保留我的组织、人员，几年以后，我们仍然是个钢铁大王。"松下幸之助说："员工百人，我身心士卒；员工千人，我督促管理；员工万人，我惟有祈祷。"韦尔奇说，"GE靠人和思想的力量取胜。"张瑞敏说："一个企业能够发展，取决于有无自己的文化。"

《基业长青》作者吉姆·柯林斯说："真正让企业长盛不衰的是，深深植根于员工心中的核心价值观。"一个伟大的组织能够长期生存下来，最主要的条件并非结构形式或管理技能，而是我们称之为信念的精神力量。著名的管理咨询公司——麦肯锡公司，用著名的组织管理7-S框架，描绘出影响公司成功的七个方面，即：组织结构、战略、体系、技能、管理风格、员工、核心价值观。他们认为：这七个变量中的核心是组织核心价值观。

IBM创始人之一小托马斯·沃森曾说："比起技术或经济资源、组织结构等，一个公司基本的价值观、精神活力和驱动力有着更密切的关系。"技术等因素对成功虽起很大作用，但我认为，公司员工是如何坚决拥护和忠诚执行公司的核心价值观要比他们更重要。

在这一点上，我们不少国内企业要么是将老板思想"神化"，要么往往是做一些形式多于内容的东西。而这两种做法都完全背离了企业目标与核心价值观提出的初衷，为什么公司远景与核心价值观会构成企业持续的重要源泉？我们可以去看一下花旗银行在1915年为自己树立的远景："成为并永远是世界最强大、服务最好、地域最广的金融机构"，对比一下花旗银行目前的行业地位和运行机制，你会懂得伟大的侦探福尔摩斯那句话的道理，这个世界上最伟大的事情不是我们站在那里，而是我们要朝哪个方向走。而我们之所以需要核心价值观作为员工长期激励的动力，原因在于只有价值观才能提供超越时空的力量。在这一点上我们可以去品味摩托罗拉的核心价值观："保持高尚的操守，对人永远的尊重。"

为此，我想起了TCL掌门人李东生所说的以下几段话。

我们的目标是要把TCL建成具有国际竞争力的世界级企业。光看报表，我们会觉得自己很了不起，但殊不知我们还有一半的企业是亏损的，我们的成功只是靠少数几个项目支撑的。而这些成功企业的基础也还不很稳固，如果有什么重大闪失，我们就将难以承受。

市场开放了，产业开放了，国外企业进来都可以利用这些条件，如果我们不能跑快一些就根本没有机会去超越。无数企业成功或失败的经验证明，变革创新是一个企业保持竞争力最有效的手段。而这种创新型文化的成败，关系到我们企业的存亡和TCL三万多员工的未来。一个企业的成功，必须有一个共同的核心价值观。不能认同我们企业价值观的人，就不能适应我们企业的工作。

TCL的核心价值观也不是凭空创造的，是在我们原来成功的价值观基础上的进一步完善。我们要将集团的整体战略规划和核心价值理念转化成与所有TCL人紧密相关的愿景目标和行为准则。要让每一个

构建企业文化：基业长青的最强大引擎

员工理解、接受、认同我们的价值观，并在工作中去实践。对于长时间不能改变观念、适应企业价值观的人，应该请他走开，即使企业蒙受暂时的损失也在所不惜！

对成功企业来说，企业核心价值观是由于企业领导者在一定的社会历史环境中，经过对企业文化的重新设计，经过企业和企业团队成员在生产者和管理者在活动中逐步形成和发展的观念形态、文化形态和价值体系。在这个体系中，他们一直认为没有核心价值观的企业不是生命型企业，随着市场的逐步成熟，产业的相对饱和，企业能够获得的机会逐渐减少，企业间的竞争变得愈来愈多样化，在这种情况下，能否有效地利用资源，更快地适应变化，成为竞争成败的关键。企业能否有效，乃至高效地运作，取决于企业的流程，在企业中，流程同大于异，核心价值观却是异大于同，通用电气的核心理念是以科技及创新改善了生活品质。索尼是体验以科技进步、运用与创新造福大众带来真正快乐。沃尔玛存在的目的是提供顾客物有所值的东西。这些国外企业同国内企业不以单纯追求利润最大化作为自己的核心理念有着本质的不同。

事实上，企业的核心价值观是通过人的形式来表现的。只有你明白：你的核心客户是谁？你的核心价值观是什么？你的核心业务是什么？你的核心客户是谁？你的80%的利润是你20%的客户创造，20%的客户最在乎的是什么？在满足客户真正需求方面，你的竞争品牌哪些方面比你做得更优秀？你的核心人才是谁？你的核心流程是什么？第一名叫一流，还是前十名叫一流？这都是企业要想的问题，而且，把这一系列问题想清楚，企业才会有生命力。

在一些成功企业家看来，人是企业的主体，是生产力中最活跃的因素，他们已经通过实践证明，企业家素质的高低，企业管理者的观念与行为的优劣，是由他们是否具有坚强的价值观念而产生卓越的生产经营绩效所决定的。

凡是那些强调人们的价值观念的企业，要比仅靠动一下嘴说明任务的能取得更为有效的生产经营绩效。因为，企业领导者们感到了有强大的力量在竞争的环境中更好地推动企业转变其形象。

中国传统文化的核心价值观是中国管理中所遇到的本土化问题的根源。如果用最简单的话来说，那就是以中国文化为代表的东方文化与欧美文化的最核心的区别在于：东方价值观的核心是集体本位，而西方价值的基础是个体本位。理解了这一点就可以解释我们管理思想的区别究竟在什么地方。

如果企业也和封建王朝的疆土一样固定不变的话，那么只需要"安人"的管理思维自然是企业主们喜欢的思想武器。可遗憾的是，企业的竞争不在于内部，而在与外部环境和市场竞争对手的竞争，其边界随时会被他人占领。这也注定了以传统的价值观为核心的管理思维是适应不了现代企业的竞争的。尽管如此，对于企业领导者而言，他们更为排拆的是以个体本位的现代企业管理思维，他们更喜欢的是传统以维护领导权威的集体主义的管理思维。除了市场推动和生存压力外，他们不希望走出权威的庇护。承认员工个体独立性就等于自己权威的丧失。因此培训也好，内部教育也好，也总是围绕着老子的思想来运转的，自然其结果不会产生他们希望的创新力。因为他们的思维与目的是背道而驰。没有个体的精神，那来创新力，这就可以明白为什么我们的企业在研发的投入那么少，总会定位在国际企业的后面的原因了。

构建企业文化：基业长青的最强大引擎

一阴一阳谓之道

詹姆斯·C·科林斯和杰瑞·波拉斯在其广受好评的《基业长青》一书中写道："能长久享受成功的公司一定拥有能够不断地适应世界变化的核心价值观和经营实务。"

这一点是包括惠普、强生、宝洁、默克制药和索尼等公司成功的关键因素。科林斯和波拉斯提出了一个能够解决围绕着企业价值观问题种种困扰的概念化框架。他们在这个商业模型中，将对价值观的解释分为两部分，即核心意识形态和预想的未来。核心意识形态，也就是他们所说的"阴"，代表企业立足的根本和存在的原因。"阴"是不可改变的，也可以与"阳"——企业未来预想，进行互补。企业对未来的预测指企业愿望中对未来发展方向的设想及为实现这一设想而需进行的巨大转变。

核心意识形态使企业纵然历经时代的变迁也能够保持其完整性。任何改变企业未来的尝试都应该遵循企业的核心意识形态要求。核心意识形态包括两部分内容：

1. 核心价值观，即一整套企业经营指导规律和原则；
2. 核心目标，即企业存在的最基本原因。

核心价值观是企业本质和永恒的原则。作为企业经营的一套永恒的指导原则，核心价值观不需要获得外部的认证；它们对企业内部的

第三章
创建企业的核心价值观

员工具有内在的重要价值。

每一个创办公司的老板,每一个组织在它创办的时候,很少有不希望自己的组织发展壮大的。很多公司也希望建立健康、向上的公司文化,形成自己的核心价值观,然后把公司的核心理念落实到每个管理者和员工身上。希望使这些理念变成员工的日常行为和习惯,形成强大的团队战斗力。

在现实的实践中,困难比我们想象的大得多。我们常说:"禀性难移。"很多人在生活或工作中形成这样那样的习惯,改变起来谈何容易。不容易怎么办?关键在于训练。汪中求先生在讲"细节决定成败"的课时常讲一句话:"细节源于态度,素质在于训练。"

中国改革开放三十多年来,各种商业形式迅猛发展、前仆后继,多少公司各领风骚三五年。开张前雄心勃勃,开张后红红火火,开张两三年后日渐冷淡,最后关门大吉。典型的如红高粱、荣华鸡、普尔斯马特……为什么呢?是我们的公司没有战略吗?不是!是我们的公司没有规章制度吗?不是!是我们的公司没有资金吗?不是!关键是我们的公司精神文化出了问题,没有确立起公司的共同价值体系,或是没有把公司的核心价值观变成员工的日常行为和习惯。

在乔布斯的世界观里,历史永远是由超级英雄主导的。而这一信仰的另一面就是:"我给你的,你可以拿;我不给的,想都别想,没门儿。"

比如,itunes是苹果的在线销售商店,苹果依靠其销售几十亿美元的音乐、电影和软件,但每次itunes升级,苹果都要说是免费升级。为什么要强调免费?不仅中国人不理解,美国人也不都理解。因为乔布斯的假设就是"本来就是要收费的。免费是我给你的,我也可以不

构建企业文化：基业长青的最强大引擎

给；不给的时候你不能随便拿。要白拿，去买android手机吧。"

这种严重不符合互联网免费、开放精神的"贵族调调"让很多人对苹果颇有微词，但或许正是这个气质，深得传统势力的代表——默多克的喜爱。

默多克在新闻集团的盈收报告中提到，华尔街日报已有超过6.4万来自ipad的订阅，其中不少还是每月17.99美元的付费用户。默多克对ipad赞许有加，认为这个终端是传统媒体未来最有希望的呈现方式，同时，他也毫不掩饰自己在乔布斯支持下的议价能力提升。他直接对亚马逊的ceo贝索斯隔空喊话说："与kindle还要抽成不同的是，我们可从ipad拿到百分之百的收入。"

显然，默多克这个传统势力的代表是准备站在苹果这边了。注意，这是一场贵族阶层的维新，不是草根阶层的革命。默多克捧着能收费的ipad开心笑的时候，你也就很容易理解，为什么草根博客gwaker的作者瑞安·泰特，在看了那个将ipad形容为"一场革命"的电视广告后，给乔布斯发了一封愤怒的邮件了。

瑞安·泰特指出的正是乔布斯对早年极客精神的背叛。他怒斥如今成为硅谷之王的乔布斯，给苹果的平台制定了一套"维护守旧势力"的规则，而不是鼓励草根程序员的创新。当然，乔布斯也不是好惹的，他立即予以劈头盖脸的还击，甚至讽刺对方这种没做过什么伟大成就的无名小卒，根本就没有资格批评他。

在瑞安·泰特和乔布斯的争论中，乔布斯一直声称技术的纯洁性。他说"我们只是尽自己的努力去尝试和创造（以及保护），我们所期望得到的用户体验。你可以不同意，但我们的动机是纯洁的"。

其实，谁都知道乔布斯所要保护的不仅仅是用户体验，还有提供

第三章
创建企业的核心价值观

用户体验的利益组织；他所反对的也不是flash，而是adobe背后企图制衡苹果平台的谷歌。

而乔布斯真正捍卫的是一个阶层的利益。这个阶层的典型代表是有130年历史的《华尔街日报》、存活了87年的《时代》周刊——乔布斯第七次登上它的封面——他们都是瑞安·泰特所称的"遗老遗少"。当然，还有更多需要高度原创、精致生产的内容，比如皮克斯的《玩具总动员》和默多克投资的詹姆斯·卡梅隆的《阿凡达》。

乔布斯的核心价值观是反对革命的。他相信世界并不需要改变太多东西，因为人性是永恒的。他之所以重视产品设计，是因为他深信人的身体、感官是几百万年演化形成的，而科技进步只是最近几十年才快速发展，试图用科技去颠覆和改变传统是一个可笑的错误。科技的使命应该是用来帮助人性的回归、用来辅助传统世界的进一步人性化。就如同ipad是为了让你坐在沙发上、身体后仰一定角度、舒舒服服翘起腿的时候用的，而不是像pc一样逼迫你学习一种新的坐姿。还有，传统媒体的精致感觉，在ipad上得到的是升华和更大的发挥空间，而不是像谷歌倡导的那样彻底廉价和碎片化。

无论是对用户还是对传统势力，乔布斯的意图就是ipad被设计成不需要他们做出根本性改变就可以用舒适的方式，转移到苹果的系统内。苹果让你过上你本来就向往的生活；或者保持你原有的荣耀和自豪。当然，你需为此信仰并追随苹果。

毫无疑问，与试图颠覆传统、改变世界的年轻革命党——谷歌相比，乔布斯的苹果显然是个更深思熟虑的维新派。

从上述案例可以看出，企业的核心思想不是一套空话，而是指导企业发展的最重要的力量，必须努力使核心思想成为一套根深蒂固

构建企业文化：基业长青的最强大引擎

的基本行为准则，向社会宣布，这就是我们的特点，这就是我们的主张，这就是我们的形象！肩负起实实在在的社会责任，甚至为了不动摇自己的根本信念，对顾客也不迁就（顾客是上帝的说法欠妥。不然职业杀手也可以此为自己开脱）。敢于不断完善自己认定的能为全社会带来利益的产品，并通过向社会公众不断宣传于交流来为产品创造市场——因为产品就是企业承担社会责任的使者。用这种观点看，以需求为逻辑起点的市场营销学理论其实大缪不然，营销更类似于布道或宣传一种政治主张。

所以说，核心价值观就是适合全体员工的一道菜，一个公司只能有一个核心价值观，以此来统一公司的文化与管理。它应该是公司员工共同认同的规范与尺度。一个公司可持续成长的关键在于公司具备可持续发展的实力源泉和动力机制，这就是核心价值观。

第三章
创建企业的核心价值观

企业的核心价值观

企业价值观中最主要的、最核心的是企业的利润观。培育"百年企业"的企业文化，首先应该树立正确的利润观，奠定精神文化基础。那么，优秀的百年公司应该具有怎样的利润观呢？

美国著名的智囊公司——兰德公司花费了20年的时间跟踪世界500家大公司，发现百年长生不衰的企业具有的一个共同的特征，就是树立了超越利润的社会目标，不以利润为唯一追求目标。具体包括三条原则，一是人的价值高于物的价值，二是共同的价值高于个人的价值；三是客户价值和社会价值高于企业的生产价值和利润价值。这表明，那些能够持续成长的公司，尽管它们的经营战略和实践活动总是不断地适应着变化的外部世界，却始终保持着稳定不变的超越利润最大化的核心价值观和基本目标。因而，树立超越利润最大化的价值观是百年企业的精神文化基础。从这个意义上说，要打造百年企业，必须将"以人为本""以顾客为中心""努力服务社会""平等对待员工""平衡企业利益相关者的利益""提倡团队精神"等这些看似非常"虚"的口号落到实处，实实在在地将其作为企业的行为准则。

我们再以杜邦公司为例，该公司推崇的就是企业的价值观。

创建于1802年的杜邦公司，目前业务遍布全球70多个国家和地区，而成功融合各种文化背景的平台就是杜邦两个世纪来所形成和一

构建企业文化：基业长青的最强大引擎

直遵循的"企业核心价值"，具体地说就是"安全、健康和环保、商业道德、尊重他人和平等待人"。

这四个价值观反映了人们的共同渴望，具有很强的包容性和兼容性。而以此为根本的杜邦企业文化，通过强有力的制度保障，贯穿于杜邦全球经营和社会活动的始终。

杜邦公司从20世纪80年代初开始在中国经营业务，并从一开始就把公司的核心价值观引入经营活动之中。30多年的实践表明，大文化的概念是行之有效的。

有人说，中西方在环保上的意识差异很大。而在环保方面的投入是杜邦在设计和建造新的生产设施时十分关注的问题。由于前期购置环保设备投入的加大会延长企业投资回收的时间，是不是会让合资伙伴产生其他的想法？事实证明，当杜邦把建议背后的长远考虑和盘托出之后，中方伙伴欣然接受，并同意将有关环保的条款以合同的形式确定下来。

再比如，杜邦的安全文化是非常有特色的。杜邦的安全与健康原则之一就是"杜邦员工无论在上班时还是在下班后都要注意安全"。正如在一本公司内部刊物上所说的那样，"'安全'不只是一个名词或一句口号，它与我们的日常生活紧密相连，决不可有一丝妥协。可是，往往有人会贪图便利或因一时疏忽而造成难以弥补的伤害。若平时能够居安思危，建立'危机意识'，就能远离意外的阴影，给自己或家人最大的保障"。

在推行这一理念的时候，杜邦将"安全"与中国人十分重视的"家庭观念"结合起来，通过举办"家庭安全日"活动，不仅让员工深入了解安全的观念，而且让与其共同参与活动的家庭成员也掌握了许多安全知识，把对安全的重视从8小时以内的工作场所拓展到8小时以外的家居环境。同时也让员工感到公司对家庭的重视，产生文化上的共鸣。

北京一位员工的说法具有代表性。他说："杜邦是我服务的第一家外国企业。在跳槽现象频繁的北京，我在杜邦一做就是五年以上，原因之就是杜邦的企业文化，而其中'安全意识'又是让我印象最深刻的。"

在四个核心价值观中，"尊重他人和平等待人"要求尊重所有员工的文化传统和宗教信仰，有员工不能因为文化差异或信仰不同而歧视任何人。管理层始终强调员工是公司最宝贵的财富，不同文化背景的员工在一起工作，其不同的思维方式、特长和技能正好为公司营造了一个多样性的企业文化。杜邦公司董事长兼首席执行官贺利得先生一再强调，这种思想的碰撞，有助于开拓思路。杜邦两百年以来不断开创新科技，这种多样性的企业文化起了一定的作用。同时，员工在这种开放的文化中乐于发挥所长。近年来杜邦中国业务的高速成长，正是中外员工共同努力的成果。

杜邦的公司氛围促进了员工与公司之间的相互信任。当SARS疫情肆虐的时候，一位员工在媒体上发表了一篇随笔。他写道："面对种种传说，让人感到莫衷一是。但我们公司的SARS小组不断整理和更新自己的信息库。也许我们SARS小组不比别人了解更多，但我相信他们的理由是根据我们公司的文化，他们说的一定不会比知道的更少或更多。正是由于我们公司对知识的尊重和关注，我们的防护措施理应更科学，这个用事实和科学编制的网或许会给我们带来另一层防护，让我们在这场与病毒的战斗中看得更清、走得更好。"

构建企业文化：基业长青的最强大引擎

杜邦企业文化的精髓在于其核心价值观，它是杜邦在过去200年和今后持续发展的基础，杜邦在全球所有的分支机构以同样的标准遵循同样的核心价值观。不管是中国员工，还是在中国工作的外籍员工，都必须在遵守当地法律与尊重当地传统的基础上按照核心价值观来处理自己的工作事务。

杜邦的企业文化在中外员工的合作上发挥了促进作用。20世纪80年代中期，杜邦在中国设立办事处。当时，本地员工与外国人接触的机会还不多，而且外国同事一般在杜邦工作的时间比较长，经验相对丰富，所以本地同事与他们相处的时候，有时难免显得战战兢兢。而外籍员工遵循公司"尊重他人和平等待人"的信条，没有架子，并主动地向本地同事学习中国文化和习惯。国内员工感受到，尽管大家职别不同、肤色不同，却没有高低之分。

当然，文化差异的缩小是需要时间的。不少本地同事都有这样的体会：杜邦管理方法的一个特色就是集体负责，很注重团队参与做决定，因为大家一起做的决定，可以省却推行时的阻力。因此经常通过开会集思广益，形成大家都能接受的决定。我们以往一般都习惯听主管的指示，只要努力地把主管的意见记下来，就是积极的会上表现了，因而很少参与讨论或提出个人意见。可是外国员工刚好相反，他们认为积极参与会议就是要提出个人意见，要主动发言。所以刚开始的时候，外国同事看到本地同事在会上一言不发，还以为我们懒于思考。但当他们理解到中国人以往的开会文化后，就主动地鼓励我们发言，而且强调每个与会议者都是平等的。另外，外国同事相信"沉默代表同意"，所以当他们提出一些论点大家都没有什么表示的时候，就以为我们没有异议了。哪知道我们的沉默往往代表着"不同意"。

第三章
创建企业的核心价值观

我们的含蓄、生怕令对方尴尬的好意却被他们误会了。

这样的误会有过几次之后,大家都开始理解到对方的想法,也开始领会到公司非常欢迎员工提出不同的意见,慢慢地就习惯了这种开放的会议形式。中外方员工之间的沟通加强了,彼此的关系也更融洽了。

每一个人的行为背后都有价值观支撑,企业的行为也同样要受到自己价值观的制约。韦尔奇认为每个组织都需要有价值观,精干的组织尤其必要,你必须在众人面前挺身而出,坚持不懈地传达你的价值观,价值观的形成是长远的挑战。韦尔奇从1985年开始,在公司年报中增加了价值观声明一项就是他这一看法的体现。

当然,企业文化的价值观也要根据具体情况作出相应的改变。企业文化中的价值观、信念等因素一旦形成,往往在一定时期内保持稳定,而企业战略、核心能力由于持续的学习、创新以及外部条件的变化,处于一种动态发展中,所以伴随着上一个阶段企业战略、核心能力的企业文化对下一阶段企业战略、核心能力的营造会有很大的影响,且在多数情况下往往是不利的。企业文化的规则限定了工作能力和企业有效运作,这要求企业内要有一支勇于变革的领导团队,能够不断更新和改变企业文化(即企业文化的再定位),为人才创造良好的工作环境,使企业文化在企业战略执行、核心能力营造中始终发挥积极的作用。

构建企业文化：基业长青的最强大引擎

提炼自己的核心价值观

华人商界领袖李嘉诚曾说，人们往往把不成功归结于坏运气，其实，很多人失败是由于他们错误的行为而导致的，只是他们没有注意到自己的错误而已。我要说的是，他们之所以感觉不到自己的错误，是因为他们行为背后有着错误的价值观做支撑。他们往往误把不正确的价值观作为自己的行为基础，而这种错误的价值观是不可能引导他们走向成功之路的。

其实我们不妨沉下心来，学习一下世界先进公司的先进经验。先让我们看看肯德基是如何训练、检查他们的员工行为规范的。

肯德基1987年进入中国北京，开始并不是急于发展，而是逐渐学习适应中国市场和社会，总结管理经验。

1992年，全国发展才10家；1995年，发展到71家；1996年6月25日，肯德基在中国成立了第100家店，这一过程几乎用了10年时间，到2006年这10年肯德基在中国的店数超过了1200家。

肯德基是如何让它的模式在中国不走形呢？一次，上海肯德基有限公司接到了三份美国总公司寄来的鉴定书。三份鉴定书是三次检查的过程和评分，都是针对上海外滩肯德基店的。得分是83、85、88分。中国公司的经理们都很吃惊和纳闷，这三个得分是如何出来的呢？这就是肯德基公司总部的办法和手段之一：他们雇用一批人，佯装顾客入店用餐,对各店的经营情况进行评分。

这样做就使世界各地的店方经理、雇员倍感压力,工作不敢怠慢,注重工作中的每一个细节。

肯德基倡导"以人为本"的核心价值观。人们在肯德基吃的仅仅是一只"鸡"吗?不是,而是以"鸡"为核心的文化系统,它代表着一种美国文化。这种文化就体现在它的每位员工的日常行为和习惯上。公司的重要任务就是让核心价值观贯穿于员工的工作中,指导他们的思想和工作。

普诺德的企业价值观是"爱心、正直、创造、奉献"。表述形式是:

爱心:要建立伟业,必须有爱心,普诺德的企业文化以"爱"为核心,普诺德在自身发展的同时,培养员工懂得感恩,讲孝道,孝顺父母,提倡同事之间互相帮助,相互关心!普诺德人以帮助他人作为自己的最大快乐。

正直:正直就是要不畏强势,维护正义,要敢说敢为,要能够坚持做正确的事情,亦要勇于承认错误。正直意味着有勇气坚持自己的信念。正直的人内心充满快乐。正直的人有道德的影响力,从总经理到经理层,都是正直的人,就可以影响员工正直,就可以吸引更多正直的人一起创造伟业!

创造:创造是从无到有,从弱到强,从小到大的行动的过程,普诺德人由几个人到五十多个人,从几个客户到一千多个客户,无不证明着创造的力量。

奉献::普诺德人坚信,人生的最大意义和价值就是奉献!我们奉献爱心,奉献思想,奉献经验,普诺德发展的过程就是不断奉献的过

构建企业文化：基业长青的最强大引擎

程。在普诺德的企业文化影响下，普诺德人更积极，更具远大的理想和目标，更懂得奉献的意义和道理！

微软公司的核心价值观是正直、诚实；对客户、伙伴核心技术满怀热情；直率的与人相处，尊重他人并且乐于助人；用于迎接挑战，并且坚持不懈；严于律己，善于思考，坚持自我提高和完善；对客户、股东合作伙伴或者其他员工而言，在承诺、结果和质量方面值得信赖。

联想公司的核心价值观是成就客户、创业创新、精准求实、诚信正直。表述形式是：

成就客户——致力于客户的满意与成功

创业创新——追求速度和效率，专注于对客户和公司有影响的创新

精准求实——基于事实的决策与业务管理

诚信正直——建立信任与负责任的人际关系

像这样的企业很多，我们在这里就不一一叙述了，但我们需要注意的是：企业中的人几乎每天都在工作，但做同样工作的人其工作效率却不一样。就是做同一工作的同一个人，在不同时期工作效率也不一样。有的人为工作而工作，把工作当做不得不做的苦役，敷衍了事；有的人则只是为了获得工作背后的那点薪水，而不愿意做超出薪水之外的任何工作；有的人不仅清楚地知道自己的工作，而且把自己的工作放到公司以及社会的大局中，知道积极地工作对于公司的意义，乃至于对社会的意义，从而把一种精神注入工作中。

换言之就是，企业的竞争力，就是你的价值观，你最后的心理素质、毅力和价值观，而价值观就在于你对名利的看法，你对世界的看

第三章
创建企业的核心价值观

法，你对金钱的看法，正因为这样，我们才发现，现在中国研究有20年历史的企业家，能够活到现在，做得非常好的，大部分对钱的看法非常接近，他们内心离钱很远，离事业很近，但是这个事业，往往是大家认为比较迂腐的一件事情。什么样的价值观呢？就是使命感。使命感是什么呢？三句话，第一是没事找事；第二是把别人的事当成自己的事；最后一条，就是自己的事不当事。

构建企业文化：基业长青的最强大引擎

中国企业家的价值观地图

多年前，我在《在软件风暴中超越企业再造》一书中写道，企业核心价值观是由于企业领导者在一定的社会历史环境中，经过对企业文化的重新设计，经过企业和企业团队成员在生产者和管理者在活动中逐步形成和发展的观念形态、文化形态和价值体系。在这个体系中，人是企业的主体，是生产力中最活跃的因素，成功的实践也已经证明，企业家素质的高低，企业管理者的观念与行为的优劣，是由他们是否具有坚强的价值观念而产生卓越的生产经营观念所决定的。

对于此观点，国内的一位学者曾有说服力地总结为："凡是那些强调人们的价值观念的企业，要比仅靠动一下嘴说明任务的能取得更为有效的生产经营绩效。因为，企业领导者们感到了有强大的力量在竞争的环境中更好地推动企业转变其形象。"

现阶段，中国公司真正按照公司文化和精神运作的时间很短，能够建立起并恪守其核心价值观的公司就更是寥寥可数，与西方具有一百多年的公司相比，虽然在公司文化这个名词出来之前它们并没有叫做公司文化或核心价值观，但它们已经有一套比较成熟的公司文化运作体系，并且公司领导对公司文化的重视以及执著足以令中国大多数企业家汗颜。正如惠普公司共同创始人威廉·休利特所说的："回顾一生的辛劳，我最自豪的，很可能是协助创设一家以价值观、做事方法和成就,对世界各地公司管理方式产生深远影响的公司。"由此可见,西方公司对如何建立公司的精神深有体会,特别是核心价值观对公司的影响更是深刻。

中国移动可谓家喻户晓,它的营业额非常巨大。春节的短短几天,仅短信费就高达百亿元。如此巨大的空间和经营气魄,注定了中国移动无与伦比的发展潜力,也凝铸了它海纳百川的气魄与胸襟。

中国移动的核心价值观是"正德厚生,臻于至善"(语出《尚书·大禹谟》、《大学》)。在中华民族源远流长的文化长河中,"坤厚载物"的责任感,"健行不息"的自强心,一直是浸染在中国这片土地上最深层的人文精神,并成为中华民族上下五千年生生不息的源泉和强劲动力。

在当今这个日行千里的世界,经济与技术的发展、社会结构与文化的嬗变,使得电信行业面临着竞争日益全球化、技术不断更新、消费市场需求日趋复杂等诸多挑战。拥有承担责任的胸襟和追求卓越的勇气,是时代对中国移动的要求,更是中国移动把握当前机遇,发挥竞争优势,持续保持领先的自主选择。"正德厚生,臻于至善"的价值理念成于千年、相辅相生。深厚文化底蕴,凝聚着中华民族沉积的文明,又彰显了中国移动追求卓越、勇担责任的社会时代精神:既体现了中国移动的独有特质,反映了文化体系的特色核心内涵,又阐释了中国移动的远大信仰,表达了中国移动人的理想和胸襟,融合了中国移动人的现代发展理念,是移动人胸中神圣责任感的承载和追求卓越情结的传述。

"正德厚生,臻于至善"的内涵既体现了中国移动独有的特质,又阐释了中国移动历来的信仰。"正德厚生,臻于至善"就是要求移

构建企业文化：基业长青的最强大引擎

动人以人为本打造以"正身之德"承担责任的团队，就是要求移动人成为以"厚民之生"兼济天下、承担社会责任的优秀公司公民，就是要求移动人培养精益求精、不断进取的气质，锻造勇于挑战自我，敢于超越自我的精神。

世界上优秀的企业，都有其核心价值观贯穿着整个企业管理和员工工作当中，使得公司长盛不衰。如：微软的核心价值观是正直、诚实；摩托罗拉把"诚信为本和公正"作为自己的核心理念；沃尔玛的核心价值观是尊重每位员工，服务每位顾客……这些优秀公司的核心价值观与公司普遍追求的利润无关，而是强调以诚信对待用户和员工。在这些公司看来，这个世界外在的东西——无论是钱、权力，公司短期的繁荣可以通过许多方式获得，但是公司持续增长的力量却只能从人类几千年来形成的价值公理中获得。法律制度都不可能为人提供持续不断的力量源泉。你可以将你的成功建立在员工暂时对金钱或权势的屈从上，但是你不可能从屈从中得到真正的创造力和员工对公司长远的忠诚。公司短期的繁荣可以通过许多方式获得，但是公司持续增长的力量却只能从人类几千年来形成的价值公理中获得。因此，公司想获得真正的核心竞争力，要想取得长久的成功，必须有符合自己的核心价值观，成为公司发展的内驱力，来推动公司的发展。

在"中国式企业管理基础科学"的背景研究中，我们的研究团队根据2008年的数据发现，中国企业管理者倾向的价值观体系中，沿用的传统价值观念包括："特殊主义""整合型""集体主义""外部导向""同时处理"，采纳的西方价值观念包括："赢得的地位""平等"。样本既有更认同传统价值观的方面（五个方面），也有更认同西方观念的方面（两个方面）。与2000年我们采用同样价值

第三章
创建企业的核心价值观

观七维度的研究结果对比，除了从内部导向转变为外部导向之外，其他六个维度都保持了惊人的一致。在揭示中国企业管理者价值观的同时，也进一步验证了价值观体系内在稳定性的特征。至于从内部导向向外部导向的变化，极有可能是从2000年至今，外部环境对中国企业的影响力和约束力在日益增加，再加上一系列重大特殊事件对企业经营和个人价值体系的深度影响（SARS或自然灾难），使得管理者一定程度上提高了对外部环境的关注度。

那些能够持续成功的公司，都保持着稳定不变的核心价值观和核心目的，尽管他们的经营战略和实践活动总是不断地适应着变化的外部世界。这种在不断发展的过程中又能保持核心不变的动力正是使一些公司成为精英企业的原因，诸如惠普公司、3M公司、强生公司、宝洁公司、默克公司、索尼公司、摩托罗拉公司和诺德斯特龙公司。他们能够不断地改造自己，一直保持着优异的长期效益。

惠普公司的员工早就知道，经营活动、文化规范和企业战略方面的巨大变化，并不意味着失去了惠普之道（公司的核心原则）的精神。强生公司不断地对自己的组织结构提出质疑，并改进和修补其他生产程序，但同时又维护着自己体现的经营信条中的理想。

1996年，3M公司廉价卖掉了自己的一些大型成熟产业（这一大举措震惊了商业新闻界），为的是重新把重点集中在其永恒的核心目标上：创造性地解决那些悬而未决的难题。我们曾经在《缔造永恒：具有远见卓识的公司的成功习惯》一书中考察了这类公司，发现他们自1925年以来，超出一般股票市场价格的12个百分点。

构建企业文化：基业长青的最强大引擎

让价值观植根于企业内部

"一个企业本质的和持久的一整套"原则，既不能被混淆于特定企业文化或经营实务，也不可以向企业的财务收益和短期目标妥协。

价值观深深根植于企业内部。它们是没有时限地引领企业进行一切经营活动的指导性原则，在某种程度上，它的重要性甚至要超越企业的战略目标。

企业的目标（帮助实现某个任务的特定目标）不是企业的价值观、企业的使命和经营目的（企业生存的最基本原因），也不是企业的价值观。所谓价值观也不应该被混淆于企业的前景（关于设想中未来图像的描绘）。所有这些词在成功的企业中自有他们的位置。然而，价值观是所有企业的目标的先驱，是一切企业目标为之奋斗的基础。

价值观，是对好坏、善恶、美丑、成败、贵贱、贫富、是非、对错的一种基本价值信仰；是做大与做强、做优与做久、专业化与多元化、本土化与全球化、进取与保守、变革与稳定、短期与长期进行选择的一种价值准则；是提倡什么？反对什么？弘扬什么？抑制什么？遵循什么的一种价值态度。这些问题是企业经营中每一个人始终要面临的问题，谁也不能回避，谁也不能含糊，因此它是企业的基本问题。

第三章
创建企业的核心价值观

如果我们把人分为好人与能人两大类，如何去选择员工？原美国GE公司总裁杰克·韦尔奇认为：

第一种人，认同公司的核心价值观，又很有成绩，这种人一路飚升；

第二种人，认同公司的核心价值观，但能力不足，可以培养，换个岗位试试；

第三种人，不认同公司的核心价值观，又没成绩，很简单，让这种人离开企业；

第四种人，很有成绩，但是不认同公司的核心价值观，这种人比较麻烦，对待的办法是利用，但绝对不能容忍这种人动摇公司的核心价值观，否则，请他走人。

"有德有才大用之、有德无才善用之、无德有才慎用之、无德无才弃用之。"企业应该以核心价值观来识人、选人和用人。

松下幸之助也有独特的价值体系，他对人品或人格极为重视。他认为："人格是人性中的真、善、美的综合体现。一个人格上有缺陷的人，其才能越大，越容易危害他人以及社会，在这种人身上，高超的才能是'恶的武器'，是'恶智慧'。"价值观不对，能力越大危害社会越大。

如果根植在一个企业的核心价值观，随着时间推移而变成不可动摇的天条或信念时，它就成为一种核心竞争力，成为一种最不可模仿也最不可替代的能力。可见，不同价值观决定着企业和个人如何算账(算大账)，如何看未来(算前途)，从而决定了企业未来的分野与高下。

企业家是价值观的传播者，社会进步的引领者，现代生活的创造者。当今一场静悄悄的价值观革命开始了，越来越多的商业人士在尽

构建企业文化：基业长青的最强大引擎

最大努力获取财富的同时，试图探寻人生最根本的问题。他们尝试将神圣的义务，有尊严的价值观，简单生活方式，重视家庭生活，与事业的发展融为一体。

小布什要求美国的CEO们在财务报表上签字时按着圣经起誓，在中国人看来似乎可笑。其实对于美国商人来说，这是一件严重而且严肃的事情，CEO们头上不仅有高悬的法律的达摩克利斯之剑，还要置于地狱之刀山火海的威胁之中。法律之剑再加上帝的目光，显然要比单纯的法律的作用为大。

这是一种灵活和高兀适应性的文化……在那样的文化气氛下，员工们表现出一种"肯干"的态度，具有一种感染力的乐观精神，并且对自己和所提供的产品和服务具有充分的自信；在那样的文化气氛下所有各类员工都感到有活力、受到激励，并且感到自己作为企业的一员在个人和专业方面是同企业共同成长的。这种高绩效文化把企业的业务和员工的各种问题都看作为企业求生存、求发展中的一部分，把尊重人、关心人、激励人、爱护人、培养教育人这一主线，看成是塑造整个企业和团队成员的价值观，并在一些业务数字、营运结果和人际关系上进行适当平衡。

企业文化的核心价值观念

通用公司前执行官杰克·韦尔奇说:"我们的任务是提供一种文化,使人们在其中能精力充沛地实现他们的理想——在这种文化中,他们能做他们想做的一切。"

从企业文化的核心价值观念出发,企业价值意识是企业文化的基石和核心,它所涉及的内容主要是指:

1. 它是判断善恶的标准;

2. 核心价值观是这个群体对事业和目标的认同,尤其是认同企业的追求和愿景;

3. 在这种认同的基础上形成对目标的追求;

4. 形成一种共同的境界。

从上述四点内容可以看出,它具有抽象性、独特性和时效性的特点,体现在企业动机、企业意志、企业信念、企业思想工作等各方面,并能反映企业的时空观、效益观、知识观和人才观。我曾询问过一些跨国公司的企业领导者:"什么样的价值观念才能顺应生产力的发展和体现人的价值观,并能迅速提高对自身智力资源的应用能力。"他们认为,在大多数公司里,产品是其发展的起始点,而这必须被使命取代——因为使命才是公司经营的基础。与使命直接相关的是公司的愿景——要达到某一目的,就必须有目标和方向。而如果公

构建企业文化：基业长青的最强大引擎

司没有在一套统一的价值观——公司精神下被聚合起来，那么你的使命和愿景都将是纸上谈兵。

最重要的是，一个组织以充满活力，企业领导者可以利用数字方法，比竞争对手更快地建立高级解决方案，并能突出"策略性价值主流"，为企业的未来发展奠定基础。如果公司要实现长远目标，就必须经历计划决策过程，找出公司未来目标及发展方向。决策过程需要注意以下几点：

利益共同体共同参与。

确保价值理念确实反映了公司的长远目标。

价值理念应该激励人心。

注重价值观的关键驱动因素。

找出那些会引起企业价值观朝理想方向转变的行为和惯例。

在企业价值观中采用能为管理运用的概念和术语。

确保使用简单易懂的语言。

确保企业价值观的各要素能明白无误地转换成行为。

上述这些要素常常可根据个别或需要着重的情况采用不同的方法来表达。韦尔奇说过"坚持实事求是，一个企业就能无往而不胜"以及"有吸引力的改革"等话。领导者可能个性不同，但仍有共同之处。亚马逊书店的杰夫·贝佐斯也与其他伟大企业领导者一样，了解了企业文化的重要，以及建企业企业核心价值观的重要性。他在阐述亚马逊书店的核心价值观时说：无论企业价值观是什么，无论是传统企业或网络企业，它都能够使员工做决策，引导企业朝既定目标前。企业价值让所有员工团结，为共同目标努力。杰夫·贝佐斯将企业建立在以客户为尊的主要价值观上。

第三章
创建企业的核心价值观

不能逃离的基础性价值观

价值观念的建立是为企业团队成员的行为提供一种变革的方式,它自身并不能为企业产生效益,但能帮助企业建立一种开诚布公的沟通环境。

一个企业的核心价值观是它选择事业领域,确定自己长期奋斗目标和战略的基础,是建立价值主体体系和价值分配制度的基本准则,是吸引凝聚优秀人才、不断保持旺盛活力的源泉。一句话,是一个企业的立身之本和成败所在。

一个企业不可能凭空构想它的核心价值观体系,必须在一种开诚布公和信任的环境中,鼓励所有各级员工都按实事求是的原则,有勇气提出新的构想,向老一套工作方式挑战,并把注意力集中在解决问题的措施和各种可能方案上。当一些价值观念,如实事求是、信任和尊重在企业中建立起坚实的基础后,企业的核心价值观体系就会体现出社会价值观体系中最富有生命力的部分,就会体现出一个企业的核心价值观是企业管理者和员工思维方式和判断事物的准则。毕竟这些价值观念包括了如下内容:

明白你的目的。无论是网络公司或一般公司,领导者首先要找出公司的发展点。

了解你的方向。你一定要先知道未来五年十年要达成什么目标,

构建企业文化：基业长青的最强大引擎

会知道现在往哪个方向走。理论上，公司长期远景要从短期的业务做起。

自问发展到何程度。多数成熟的企业都会做这样的市场分析，以了解自身优势、弱点、机会与挑战。评估挑战时要记住，从另一个角度看，挑战也是一个机会。

挑选出最重要的策略与计划。领导阶层要找出公司业务最重要的三项领域，以确保企业全面性的成功。

逐步检查核心结果。成功的企业是能确定战略目标，并能找出业务的短中期目标，在战略上能够快速地做出决策，有效地行动，直接正确接触其客户，使短中期目标与长期目标和领导者远景一致。

为每个目标开发新策略。策略是最后一招，与手段不同。手段是一步一步实现策略。策略则是实现决策的三项重要目标。

发展手段。这些是明确且可评估的行动计划，包括负责人的职称都要与策略密切结合。

每个企业都会为自己拥有强有力的领导者而自豪，因为这个强有力的领导者所做的一切均是为了实现自身目标而努力的，决策是围绕着企业的核心价值观所进行的。在他们看来，真正的企业核心价值观必需符合如下标准：

1. 它必须是企业核心团队或者是企业家本人发自内心的肺腑之言，是企业家在企业经营过程中身体力行并坚守的理念，如有些企业的核心价值观中有"诚信"的字眼，但在实际经营过程中并没有体现出诚信的行为，那么它就不是这家企业的核心价值观。从这个角度说，核心价值观不能够去追求时尚，世界五百强企业有的核心价值观不一定就是你的核心价值观，如创新、以人为本或追求卓越等，它可以是你价值体系的一部分,但并不一定是你的"核心"价值观。

2. 核心价值观必需是真正影响企业运作的精神准则,是经得起时间考验的,因此它一旦确定下来就不会轻易改变。

3. 所谓核心,就是指最重要的关键理念,数量不会太多,通常是五到六条。

由此可见,公司核心价值观是公司愿景、使命据以建立及指导企业形成共同行为模式的精神元素,是公司得以安身立命的根本,是公司倡导什么、反对什么、赞赏什么、批评什么的基本原则。一个伟大的组织能够长期生存下来,最主要的条件并非结构形式或管理技能,而是我们称之为信念的精神力量。

构建企业文化：基业长青的最强大引擎

第四章
共享文化的力量

如何在一个激烈竞争的环境中使企业生存下去，你必须给自己的公司培养一种独特的气质。这种气质的核心能使创业者从来不会把挫折或面临的复杂问题看成困难。相反，他能够从困难中发现机遇，并不断地在困难中寻找到新的刺激和乐趣。并能认识到伟大的企业之所以成功，是因为企业的领袖能够看到别人看不到的东西，提出别人提不出的问题，然后制订自己的战略方案，将洞察力与策略相结合，描述出具有鲜明特点的企业蓝图。

构建企业文化：基业长青的最强大引擎

第四章
共享文化的力量

不容忽视的问题

中国企业能够发展的原因是什么？为什么有的企业昙花一现，有的中途陨落，有的历经坎坷仍生生不息？原因正在于核心能力及其维持。比如1896年被道·琼斯工业股票平均指数选作首批成分股的12家享有盛名的公司如今只剩下GE一家，再如曾在国内辉煌一时的巨人集团、飞龙集团、亚细亚集团、秦池集团等如今都已销声匿迹……谁也不会怀疑它们曾经拥有过较强的核心竞争力。其由盛而衰只是由于核心能力的丧失或"得而复失"。

其实，一个企业如果要生存、发展，公司就必须进行二次创业和变革，公司文化必须朝着两个方面进行转化。

第一个方面：要认识到理想的重要性。如果把一个美好的理想建筑在无法实现的基础上，就永远实现不了理想。因为人的思想模式受到理想与现实的影响，一旦思维发生了变化，他对事物的看法也就会发生变化。这就是人们常的"这个世界原本没有变，只是你看世界的角度变了"。

第二个方面：要认识到环境的重要性。中国的企业不能只在中国的市场中走下去，最根本的解决办法是融入到世界这个大环境中去。为此，一位知名经济学家说："企业作为人类自己发明的经济恐龙，如果仅仅拥有食欲和贪婪，只顾生长和繁殖，不具备对生存环境变化

构建企业文化：基业长青的最强大引擎

的感知力，不能够为全球环境保护承担责任，不能赋予环保方面有创造性的贡献，对个体企业而言，在人类环境保护全球化的大趋势下，就会落伍于时代，就会被顾客所唾弃，被社会大众所不齿；对企业群体和人类群体而言，就会由于生存环境和生存资源的枯竭而走向整体衰败。因此，不承担环保责任，企业肯定不会有长远的市场前景。"

所以，这就要求中国的企业要发挥自己的能动性，寻找和创造新的企业生态位，企业的能动性和学习性，以及企业环境的多变性特点，要求企业不能被动地接受环境选择，而应该发挥自己的特性，利用分析工具与方法，分析内外环境生态因素，寻找细化的生态位或创造新的生态位，以求生态位的差异化，与其他企业之间形成一定的壁垒（即隔离），实现竞争制胜。其分析途径有：

经营理念之争。经营理念之争祸害无穷，它致使公司有限的资源得不到合理的利用，而资源过于分散又会导致各自的资源不足，于是大家又开始争夺资源，这也就是恶性循环的开始。当资源之争最终表现为公司的人力资源之争时，员工们会不自觉地按照各自主管领导的意愿进行阵营分化，这样公司就无法形成统一的人力资源优势，从而最终彻底失去核心竞争力。人力资源优势的丧失是断送公司大好发展机会的直接因素。

企业文化的偏颇。企业文化是引导企业发展走向的精神基础，从根本上来说，它是企业投资人或创始人理念的体现，也是他们价值观的体现。"国际软件"投资人、企业高管人士本身的理念就存在差异，并且得不到整合、融通，因此就无法形成统一、恒久的企业文化，不断的冲突和严重的失衡将充斥在以后的企业文化形成过程中。这两种文化随着理念之争的日旷持久而愈发不可收拾，让员工们无所

第四章
共享文化的力量

适从，不知道企业倡导什么，反对什么，企业的价值观到底又是什么。最终影响到员工积极性的发挥，大大削弱企业的核心竞争力。

对竞争环境的分析。许多企业错误地认识和判断竞争环境中所发生的变化。尽管它们中有不少曾占据行业领先地位，呼风唤雨，但它们忽视或误解了竞争环境中变化的征兆，最后导致自身的竞争优势遭受严重侵蚀。要避免误判竞争环境，首先需要培育一种对环境变化敏感的企业文化。正如英特尔的葛洛夫所言，这是一个"只有偏执狂者才能生存"的年代。在竞争环境分析时，必须正确定义自己的竞争空间，不能只局限于现有竞争者，必须将潜在和新生的竞争者纳入视野。另外，必须构建一个行之有效的竞争信息系统，保证相关信息在组织内部的畅通，并使其能得到妥善的处置应用，能为经营战略的正确制定提供可靠有效的信息平台。

有失偏颇的假设前提。有些企业将自己的战略建立在一系列错误的前提条件之上，或者没有随着环境条件的变化而更新战略决策的前提假设。人们常言的好药看错病指的就是此类现象。企业要摆脱这种困境，必须时时对自己习以为常的一些假设、前提和理念缜密验证。一些被认作是理所当然的前提条件往往不经推敲便被采用，由此而来的企业经营策略潜藏着极大的风险。另外所有的前提假设应该有很强的一致性，在总体战略框架内彼此能相互印证。同时可以按照对于企业经营战略的重要性的差异，将不同的前提假设分门别类加以区分对待。最后不要忘记对于各种前提假设，随着时间的推移和环境的演变，一定要重新界定以确保它们的有效性，企业文化贯穿于假设与实施的全过程。

竞争优势的自我削弱。源自于采用一成不变的企业战略，或者用

构建企业文化：基业长青的最强大引擎

静止的观点来看待战略，导致企业不能适应外部环境的变化，企业一时的强势不能成功地转化为可持续的竞争优势，在市场竞争中难免落入下风。就像美联畜主席格林斯潘，用自己的智慧与经验，审视美国的动态经济，确立美圆的世界地位。对此开出的药方是，企业主管必须树立一种全局和动态的意识，把企业活动建立在流程的基础上，注意力集中在企业的价值链上。并要拓展企业活动的范畴使它能涵盖客户和供货商。对于企业价值链的每个环节相对于竞争对手的优劣必须洞若观火，并环绕价值链以多种形式创造价值。应该设法整合企业的各种增值活动，注重竞争环境的动态进程，以创新方式为企业增添独特价值。只有这样，才能使企业在市场上保有可持续的竞争优势。

盲目扩张自损价值。企业往往屈从于不顾自身条件而一味多元化的冲动，盲目进入一些自己并不擅长的业务领域。结果经常是得不偿失，反而削减了企业的价值基础。在作者看来，要使多元化经营有所建树，必须时刻紧扣企业的核心竞争能力。企业的核心竞争能力是企业在市场中的立足之本，是企业竞争优势的源泉。所以在企业多元化的进程中，务必使新的业务领域能得到公司核心竞争能力的有力支持，并在市场上转化为相应的竞争优势，这样才能获取多元化经营中的协同效应。如果从企业价值链的角度出发，新的业务能否成为整个企业现有价值链的自然延伸或有效补充，应该成为多元化经营决策时的重要砝码。

受制于组织结构。在传统的企业组织中，不同部门间泾渭分明，承担不同的职能和责任。而在企业战略的实施过程中，组织结构上的条块分割往往演变为难于逾越的障碍。因此在传统的组织框架下，要跨越各个不同的职能部门，进而营建有效的协调整合体系，主导核心

第四章
共享文化的力量

流程，几近蜀道之难。而要突破此类困境，作者的观点是需要对传统的组织结构进行脱胎换骨的改造，营造新颖的无边界的组织形态。在这里，同样需要沿用业务流程和价值链的概念和方法。首先要界定战略氛围，找出战略涉及的关键对象以及他们的相互关系。紧接着设计相对应的组织结构，再就是在同一组织内和不同组织间实现协调和整合。只有通过树立明确的目标，有效地沟通，并利用跨职能部门的组织机构，才能突破篱樊，使组织的各个部门珠联璧合，运转自如。

企业失控。企业失控通常有两个起因：一是企业盲目追求某些武断而刻板的目标；二是企业战略控制体系失衡，无法在企业文化、激励系统和行为规范三者之间达成平衡。传统的战略监控流程由三部分组成：制定战略并确定具体目标；实施战略；以既定目标为基准评估实际业绩。由此造成在战略制定和战略控制之间的时间延迟。这可以应付一个较为平稳的竞争环境，而在一个多变的环境中就显得捉襟见肘，甚至有失控之虞。要使战略实施处于受控状态，作者提出必须使用"双环路"的监控体系，对目标本身也要进行实时评估。在战略制定和战略控制间通过信息，在战略实施和战略控制间通过行为来完成整个战略的控制体系。并且要营造与企业战略目标一致的企业文化，完善相应的激励机制，并建立行为准则。同时必须促使它们三者间保持协调一致，并确保它们能随着时间的推移适应外部环境的变化，由此保持组织在变革环境中不可或缺的灵活性。

领导失效。在企业战略的实施过程中，强有力的领导对最终的成功起着至关重要的作用，领导统揽全局，站在一定战略高度监督战略实施也是企业文化的直接影响者。但我们经常可以发现不少企业的高级主管要么刚愎自用，要么优柔寡断，对一些基本原则置若罔闻，无

构建企业文化：基业长青的最强大引擎

法提供在企业实现战略规划时亟需的强有力的领导才干。如此企业往往陷于束手无策的尴尬境地，企业的战略规划也往往成为可望而不可即的空中楼阁。要成功地领导企业达成战略目标，企业主管必须在组织中创造变革的紧迫感，并迅捷果断地采取行动；必须塑造和传达企业的远景规划，以及达成远景规划的具体行动计划；同时要设定企业的奋斗目标，广泛授权给一线员工，使他们为实现企业战略目标奋力争先；另外，必须不断总结战略实施过程中的得失，使已经发生的有益变化制度化。只用这样，才能使企业上下同心同德，朝着既定的战略方向稳步迈进。

　　总之，要审时度势，实事求是，发挥企业生态位的能动性，自我组织，自我学习，应用相关工具，从内环境因素分析中寻找自身优势与劣势，从时间性因素（业态发展、经济阶段发展、企业自身发展）与社会性因素分析中寻找生态对策和发展机遇，从空间性因素（价值链、地理位置、行业领域等）和资源性因素分析中寻找生存机会和企业生态位，并利用系统思维及子系统分析探求企业生态位的可行性。

第四章 共享文化的力量

无边界，无抱怨

对许多企业来说，拓展商业疆域的冲动是无止境的。这既是生存的需要，也是欲望的释放。在一些企业霸主身上，这种冲动表现得尤为明显。例如，微软、星巴克、百代等企业，他们在一次次的征战中，这些气势如虹的霸主们并不总是能折桂而返。想想，有多少人还记得微软曾做过无线手表和玩具？有多少人还记得百代曾做过医用人体扫描仪？那么，为什么实力并不总是能证明实力？如果用一句话来归纳的话，就是小企业有许多成长的烦恼，长大后的企业同样有烦恼。

小天鹅曾是一只真正的"小"天鹅，而后来，小天鹅业已成为这个行业的领先企业。不过，在企业变大的过程中，我们的组织、环境、规模都发生了变化，如果我们不能协调三者的变化，企业就很容易从市场上消失。

在创业阶段，企业最需要的是一个有人格魅力的创始人，他的能力和远见决定了企业的未来，企业家的创业激情和远见卓识是至关重要的，但过了创业阶段后，良好的机制（制度和流程）就显得越来越重要。当然，这并不意味着人的因素越来越不重要。一个已经成长为领导性企业要想继续保持快速成长的势头，必须有效而艺术地平衡人和制度的关系。

构建企业文化：基业长青的最强大引擎

制度在初期的成本是非常低廉的。因为企业没有太多成文的规定，这时的公司并没有明显的组织界线，显示出很大的灵活性。但企业变大后，每一个企业都有了许多的条条框框，产生了许多过去不曾遇到的麻烦。

回想一下韦尔奇提出的企业的"无边界"（no-bordering）问题，我们就对此非常有体会了。事实上，企业早期就是一个无边界的组织，企业里也许只有企业家一个人，或者只有一个很小的创业团队，大家在里面纵横驰骋。随着企业的发展，企业自己设置了边界。设置这些边界，是企业向规范化、有序化成长的必需。但当边界越来越多的时候，一方面责任、职能更加清楚了，同时，也由于过于明晰的分工，使企业在面对一件具体的生意时往往出现责、权、利不清，遇到利益争先恐后，遇到风险竞相推诿。企业的绩效反而因分工明确而降低。企业内部的交易成本也因此骤升，甚至高过社会的交易成本。这时，企业就失去了存在的价值，从市场上消失不足为怪。

怎样才能让企业实现真正的"无边界"呢？一个最可行的办法就是，将企业现有的边界打破，重新回到小企业的原始状态，保持小企业的活力，让每一个部门真正成为企业的一部分。

我们已经启动我们自己的"无边界、无抱怨"活动，希望消除部门之间的抱怨和推诿。

我们采取了一些切合自己实际的方式，使企业逐渐实现"无边界"。

1. 培养小企业心态。我们希望员工保持一个心态——公司的大小是相对我们自己来说的，与未来的"小天鹅"相比，我们现在仍然是一家小企业。我们不能因为部门内部规模的变大而认为自己是大型企

第四章
共享文化的力量

业，应该保持小企业时期的俭朴和平和。

2. 设立第一责任制。实践证明，第一责任制可以避免企业对外的推诿和搪塞。企业第一个接触到问题的员工，就是我们的第一责任人，他将负责解决这个难题，而不是推给别的部门或别的同事。

3. 鼓励交流。除了传统的谈话形式的交流外，我们在公司进行跨部门的研讨会以解决问题。

4. 设立流程负责人。我们更重视对流程的管理，同其他公司的流程是分段负责制不同，我们的流程由源头的责任人充当负责人，充分整合了各部门的资源，又避免相互埋怨，防止了大企业病。

就像我们从流程主导到流程责任人主导的转变一样，我们正在从企业家主导到制度主导。企业不能选择宏观制度，只能遵守并利用制度保护自己。

但是，如果太倚重制度，企业就会陷入死板和官僚。现在让我们回到基点吧。让企业像初创时期一样，将人的主动性和灵活性充分发挥出来。

创始阶段是总经理第一，而现在我们提倡制度第一，总经理第二，总经理制定政策制度。这看似矛盾，其实不然。在这个原则下，人的活力和主动性又回来了。

总经理在董事会授权范围内努力工作，他应该是在不断变化的条件下管理好专家的专家，是能够管理好团队的领导者，创立回应更为积极的组织机构，创造性地完成董事会赋予的任务。

构建企业文化：基业长青的最强大引擎

文化的制造需要物质基础

文化的进步实际上比经济的进步需要的时间更长。但文化的进步与经济进步比较，文化是根本的，是真正的基础。在世界史上，欧洲曾是个愚昧之地，欧洲人甚至不懂得洗澡，中世纪的瘟疫曾使欧洲"十户五空"。但400年前的一场文艺复兴席卷欧洲，改变了一切。欧洲文化从此有了包容性，这又导致了科学与技术的迅猛发展。400年前中国是世界上最强盛的国家，但400年后，中国被欧洲大大超越，这就是文化的力量。从这个角度说，我们现在文化的解放与文化的创建还远远不够。

马克思、恩格斯在《宣言》中写道："建立新的工业成为一切文明民族的生命攸关的问题。"物质的生产如此，精神的生产同样如此。

文明是需要物质基础的，无论是精神文明还是政治文明，都需要物质文明这个基础。

中国文化对世界的影响，从当时(而不是考古角度)来看，是希腊罗马人穿上中国制造的绫罗绸缎，使用上中国制造的瓷器开始的。

上个世纪之初，可能没人会清醒地认识美国的"文化侵略"，但今天，就是在有古老文化传统的欧洲也开始惊呼，注意来自美国的文化侵略。这一切，其实都是基于物质文化制造的结果。

第四章
共享文化的力量

这是个简单的类推：日本从二战后到1980年代末，维持了40年的快速增长；亚洲四小龙从1960年末一直到金融危机发生之前，维持了40年的快速增长。

我们不是说中国人比日本人、韩国人聪明，主要的原因是我们开始以引进技术来推动经济发展是在1979年。1979年初我们与发达国家的技术差距，比日本在1950年初与亚洲四小龙在1960年代初期的差距大；而且推算一下，我们未来20年如果像过去改革30年那样发展，整个经济规模将会赶上美国。我们的人均收入是美国的1/5，况且，我们的市场，也是日本和亚洲四小龙不可比拟的：中国庞大的市场腹地，与美国有相同的地方。

什么叫天下大势，这就是天下大势。一个有40年高速发展空间的市场，是个必然产生世界级企业的市场。

正是这样一个大的历史背景，造就出世界级的中国企业和中国企业家领袖，将是一个历史必然。而打造出世界级的中国企业和中国的企业领袖，是我们所有人的共同使命。

尤其是对企业家来说，生正逢时，这是时代给予的机会。

这就是2000年以后中国的企业时代——产生世界级企业的时代。而造就一批世界级的企业，是历史给我们这一代人的机遇——千年一遇的机会，也是历史赋予我们这代人的使命。

制造是需要经济组织来完成和实现的，而组织的运转需要管理。人类自身的发展，就是一个组织的过程。可以说，我们是继承了一个有组织的社会。但这个有组织的社会需要管理来使它们运转。也可以说，正因为长于管理，人类才建立了很多组织，单个的人才生活、生存于不同的组织之中，从而实现了很多单个人根本无法实现的目标。

构建企业文化：基业长青的最强大引擎

如果没有这些组织，什么事都可能无法完成。

要想生活得好，就得制造好。制造好与坏，用经济学语言表述，就是劳动生产率的高与低。一个国家生活质量的高低，差别就在劳动生产率上。提高劳动生产率可以通过技术革命等等途径，但归根结底，实现这种提高需要管理。谁也无法否认的一个事实是，中国企业和企业家，通过管理方式和管理思想的进步，大大提高了我们的生产率，提高了中国制造产品的竞争优势。

第四章
共享文化的力量

核心经营理念与文化的融合

核心经营理念界定了一个组织的经久不衰的特征——这种特征是组织的稳定标志，它超越了产品或市场的生命周期、技术突破、管理时尚和个人领袖。事实上，对于构建远见卓识的公司具有的那些因素中，核心经营理念是最持久、最显著的因素。比尔·休利特在大卫·帕卡德去世后不久，对他的这位老朋友和事业伙伴这样评价："对于公司，他留给我们的最大财富是道德标准，即众所周知的惠普之道。"

自从50年前企业刚起步时，惠普之道的核心经营理念就起着指导作用，它包括这样的内容：对个人的充分尊重、对质量和信誉的追求、对社区责任的承诺（帕卡德自己给慈善机构遗赠了4.3亿美元的惠普股票），以及一种认为公司存在是为了人类的发展和幸福作出技术贡献的观念。公司的缔造者们，如惠普公司的大卫·帕卡德（David Packard）、索尼公司的井深大（Masaru Ibuka）、默克公司的乔治·默克（George Merck）、3M公司的威廉·麦克奈特（William Mcknight）、摩托罗拉的保罗·加尔文（Paul Galvin)，他们都懂得，更重要的是知道你是谁，而不是你要去何方。因为随着我们周围世界的变化，你将要去的地方也会改变。领袖会去世，产品会过时，市场会变化，新技术会不断涌现，管理时尚也在瞬息万变，但是，在优秀的公司中，核心经

构建企业文化：基业长青的最强大引擎

营理念却会作为指导和激励的源泉而永恒不变。

核心经营理念是一种在企业成长、分权、全球扩张、实行产品多元化、开发工作场所多元化的过程中把组织聚合起来的粘合剂。我们可以把它类比为犹太教义，若干个世纪以来，他把没有自己祖国的犹太人凝聚在一起，尽管他们分散在世界各地的犹太人居住区里。也可以把它视为独立宣言中不证自明的真理，或者是科学学会种永恒的理想和法则，正是它，为了拓展人类知识的共同目的，把世界各国的科学家集合在一起。在任何有效的愿景规划中，必须体现核心经营理念，而它又包括两个明显的组成成分：核心价值观，即指导原则和宗旨体系；核心目的，即企业存在的根本理由。

核心经营理念的第二个成分，核心目的，是组织存在的理由。有效的目的反映了人们在组织中从事工作的理想动力。它并不是仅仅描述组织的产量或目标客户，它抓住的是组织的灵魂（见后文中"核心目的是公司存在的理由"）。大卫·帕卡德1960年在给惠普的员工所作的演讲中指出：企业目的触及到的是一种除了赚钱之外的公司存在的更深层次理由。帕卡德说："我想讨论一下公司为什么存在的根本原由。换句话说，我们在这里是为了什么？我想很多人都以为，公司的存在仅仅是为了赚钱，这是错误的。尽管这确实是公司存在的一个重要结果，但我们要深入下去，去发现我们存在的真实理由。通过调查，我们最终得出这样的结论：那就是，一群人联合起来，并以一种机构的形式存在，我们称之为公司，从而完成一些单独一个人完成不了的事情（为社会做出贡献。这种说法虽然听起来显得陈腐过时，但他却是根本……你可以环顾周围（整个经营世界），并发现人们好像都对赚钱感兴趣，而没有其他兴趣，但其深层的驱动力在很大程度上

第四章
共享文化的力量

来自于要做一些事情的渴望：创造一种产品，提供一种服务。概括而言，是要做一些有价值的事情。"

目的（它至少应该维持100年）不应该和具体目标或企业战略（在100年里应该多次变化）混为一谈。你可以达到目标或实现战略，但不可能彻底实现目的；它就好像是地平线上的启明星——是一种永远的追求，但永远也达不到。不过，虽然目的本身不变化，它却激励着变化。"目的永远不可能实现"这一事实，恰恰意味着组织不可能停止变革和发展。

在确认企业目标时，有些公司仅仅描述了当前的产品或顾客细分，这是错误的。我们认为，下面这种陈述并不反映有效的目标："我们的存在得到了政府的许可，我们通过把抵押活动和投资安全合为一体而加入次级抵押市场"。这种陈述仅仅是一种客观描述。美国联邦抵押协会FNMA（Federal National Mortgage Association）对此的阐述要有效的多："通过不断使房屋所有权大众化来巩固社会结构"。

我们知道，次级抵押市场的存在历史还不足百年，但"通过不断使房屋所有权大众化来巩固社会结构"，却可以成为经久不衰的目的，无论世界如何变化，在这一目的的指导和鼓舞下，FNMA于20世纪90年代初提出了一系列大胆的创造性思想，其中包括：在5年里减少抵押承包成本的40%，用于开发新系统的方案，再租用过程中消除歧视的方案（承包试验中有5亿美元支持），并提出了一个大胆的目标：到2000年，从1000万个过去排除在房屋所有权门外的家庭（少数民族、移民和低收入人群体）中获得一万亿美元。

同样，3M公司在界定自己的目标时，也没有用精心修饰的措辞来表达，而是把创造性地解决那些悬而未决的难题作为永远的追求（这

构建企业文化：基业长青的最强大引擎

个目标常常把3M公司带进新的领域。麦肯锡公司的目标不是进行管理咨询，而是帮助企业和政府更为成功）。惠普公司并不是因为只在电子计量仪器而存在，而是要通过技术来改善人民的生活——这个目标是他们远远偏离了最初的制造电子仪器的思路。你可以想象一下，如果沃尔特·迪斯尼公司把公司的目标确定为制作动画片，而不是让人们快乐幸福，我们可能就不会有米老鼠、迪斯尼乐园、EPCOT中心以及阿纳海姆巨鸭曲棍球队了。

要想了解企业的目标，一个有效的办法是"五个为什么"。这种办法是：一开始先对"我们生产的产品X或我们提供的服务X"进行描述性的说明，然后问：它为什么重要？问五遍。在回答了几个为什么之后，你会发现，自己开始越来越深入地探索组织的基本目的了。

在与一家市场调研公司合作时，我们利用这种方法对该企业的目标进行了更深入、更广泛的讨论。高层管理团队首先进行了几个小时的讨论，并形成了对企业目标的如下陈述：尽我们所能，提供最好的市场调研数据。然后我们问：为什么尽自己所能提供最好的市场调研数据是重要的？经过讨论，高层管理者的回答在一定程度上反映了对企业目标的更深刻认识："尽我们所能提供最好的是市场调研数据，可以使我们的顾客更好地了解自己的市场"。进一步的讨论使这些团队成员认识到，他们的自我价值感不仅来自于顾客更好地了解自己的市场，而且来自于对顾客的成功作出贡献。这种反省最终使该公司明确了自己的目标：帮助顾客了解自己的市场，从而为顾客的成功作出贡献。头脑中有了这种目标，这家公司下在进行产品决策时就不是基于"它能卖得出去吗？"这种问题上了，而是基于"它能对顾客的成功有帮助吗？"这种考虑了。

第四章
共享文化的力量

事实上，无论公司处于什么产业中，"五个为什么"都能帮助他们以一种更有意义的方式设计他们的工作。一家生产沥青和砾石的公司，可能已开始会这样说，我们生产沥青和砾石产品。经过几个"为什么"后，他们的结论是：生产沥青和砾石非常重要，因为基础结构的质量在人们的生活和安全中担负着关键的角色；因为在坑坑洼洼的路面上开车不禁令人烦恼，而且很不安全；因为在劣质混凝土修建的跑道上，747飞机难以安全着陆；因为用不合标准的材料修建的建筑物会很快破败不堪，而且在地震中极易倒塌。经过这些反思，该公司的目标便浮现出来："通过改进人工结构的质量而使人们生活的更好。"正是由于这种强有力的目的意识，使得加利福尼亚州的花岗岩石公司获得了马尔科姆.鲍得理奇国家质量奖。这对于一家以岩石开采和沥青生产为业的小型企业来说，决不是轻而易举的事。而且，该公司现在已经成为我们所见到的发展最迅猛、最令人振奋的公司之一。

值得注意的是，没有一家企业的核心目标会落在"使股东财富最大化"这一范畴中。核心目标的主要作用是指导和激励，"使股东财富最大化"并不能激励组织中各个层级的人员，而且它也实在不具备指导作用。对于那些尚未认清真是核心目标的组织来说，"最大化股东财富"是一种现成的、标准的目标，但它实际上是一个无效的替代品。

优秀的公司中员工在谈到他们的成就时，很少提到他们每股的盈利是多少。摩托罗拉人谈论的是激动人心的质量改进，以及他们创造的产品对世界的影响；惠普人谈论的是他们对市场的技术贡献；诺德斯特龙人谈论的是引以自豪的顾客服务及明星销售员令人瞩目的个人业绩；当波音公司的工程师在谈到一架令人兴奋的、具有重大突破的

构建企业文化：基业长青的最强大引擎

新飞机试航时，她肯定不会说："我把全身心都投入到这项工作中，因为它将肯定使我们的股票每股增长37美分"。

要想了解隐藏在"使股东财富最大化"背后的真正的目的，可以采用一种名为"随机企业序列杀手"游戏的办法。它是这样进行的：假设你要把企业卖给一个公司内外人士均认为出价非常公道的人（甚至对公司的未来现金流动也做出了十分乐观的假设）；进一步假设，这位买主保证，在购买之后保持稳定的雇佣关系，所有雇员的工资水平保持不变，但不保证从事同样的产业活动；最后假设，买主计划在购买之后使企业消失——即不再继续它的产品和服务，停止它的运作，把它的品牌搁置在一旁等等，也就是说，公司将彻头彻尾地不复存在。你是否接受他的报价？为什么接受，或者为什么不接受？如果公司不复存在的话，那么失去的是什么？为什么公司继续存在非常重要？我们发现，这项联系对于那些固执地只关注于财政状况的经营人员非常有效，可以帮助他们更深刻地反思企业存在的深层理由。

另一种办法是询问"火星小组"中的每一位成员：我们构建什么样的企业目标，才能使你如果明天早上一觉醒来发现自己在银行里有了足够多的钱，完全可以不再上班的话，依然会留在这里工作？哪些更深层次的目标会激励你继续把自己的创造力奉献给公司？

为什么员工要奉献所有的一切？德鲁克曾指出，最好的和最具奉献精神的员工，是彻底的志愿者，因为他们有机会做一些除了谋生之外的事情。面对社会的流动性日益增加、对公司生活的悲观和怀疑、经济上日益扩大的创业成分，企业比过去更需要明确地了解自己的目的，以使工作更有意义，从而吸引、激励和留住出色的人员。

如何发现核心经营理念

你不是要创立或者制定核心经营理念，而是要发现核心经营理念；你不是通过观察外部环境来推断它，而是通过观察内部环境来理解它。经营理念必须是真实的，你不能伪造它。发现经营理念不是一项智力活动，不要问"我们应该持有什么样的经营理念？"而要问"我们真正充满热情地持有什么样的经营理念？"不要把你认为组织应该拥有（而实际上却没有拥有）的核心价值观与真实存在的核心价值观混为一谈。这样做只会使组织中出现怀疑与不满情绪（"他们想哄骗谁？谁不知道这东西不是这里的核心价值观？"）。抱负，作为生动的未来前景或经营战略的一部分或许更为恰当，却绝不应该作为核心价值观的一部分。

还有一点需要说明，即核心经营理念的作用在于指导和激励，而不是为了区分。两个公司可以有同样的核心价值观或目的。实际上，很多公司都有着为大众作出技术贡献的目的，但能像惠普公司怀有强烈激情的不多；很多公司都有着保护和改善人类生活的目的，但能像默克公司那样深入的不多；很多公司都有神圣地为顾客服务的核心价值观，但很少有哪个公司像诺德斯特龙那样围绕着这一核心价值观形成了如此强烈的企业文化；很多公司都拥有创新的核心价值观，但很少有公司能像3M公司那样形成了一整套激发创新的有力机制。把具有

构建企业文化：基业长青的最强大引擎

远见卓识的公司与其他公司区分开来的，不是经营理念本身的内容，而是与经营理念一起并存的东西---真实性、约束性和持久性。

核心经营理念只需要对组织内部的人员有意义和有激励作用，而不必令外部人员激动不已。为什么？因为是内部人员对组织的经营理念进行长期的承诺。核心经营理念还可以在确定谁是或谁不是内部人员方面发挥作用。对核心经营理念的明确阐述，吸引了那些个人价值观与公司的核心价值观一致的人，排斥了那些不一致的人。你不能把新的核心价值观和目的强加于人，核心价值观和目的也不是花钱就能买到的东西。高层管理者们经常问道：我们如何能让人们分享我们的核心价值观？你不能这样做，也不可能这样做；相反，应该去发现那些内在的核心价值观和目的与你相同的人，吸引并留住他们，而让那些核心价值观和目的与你不同的人另寻他处。的确，明确阐述核心经营理念这一过程本身，会使一些人离你而去，因为他们意识到自己的价值观与公司的核心价值观不相适应。我们欢迎这种结果，不过，在共同的核心经营理念范围中，有着同样核心价值观和目的的人，并不一定想事情、看问题的角度都一样。

千万不要把核心经营理念本身和对核心经营理念的阐述混为一谈。一个公司可以有非常强的核心经营理念，却没有对它的正式表述。例如，耐克公司（据我们所知）就没有关于其核心目标的正式陈述。但是，根据我们的观察，耐克有一个强大的核心目标遍布在整个组织当中：体验竞争、获胜和击败对手的感觉。总裁办公室更像是一个洋溢着竞争精神的圣坛，而不是一个企业的办公中心。在这里，耐克英雄的巨幅照片贴得满墙都是；耐克运动员的铜质奖章挂满了荣誉走廊；耐克运动员的塑像站在环绕学院的跑道两旁；耐克建筑物以赛

第四章
共享文化的力量

场冠军的名字命名，如奥运会马拉松选手琼·本内特、篮球巨星麦克尔·乔丹、网坛宿将约翰·麦肯罗。感觉不到竞争精神的激励和推动的耐克人，是不可能在这种环境下长期呆下去的。事实上，公司名字也反映了他们的竞争意识：耐克是古希腊的胜利女神。因此，尽管耐克没有正式阐述其核心目的，但很明显，她有一个强有力的核心目标。

  可见，确认核心价值观和目标并不是一项遣词造句的练习。实际上，一个公司在不同的时间里，对其核心经营理念可以有不同的描述。从惠普公司的档案中我们可以清楚地看到，大卫·帕卡德在1956至1972年间对"惠普之道"的描述超过六个版本，所有的版本都说的是同样的道理，只是由于时代和环境不同而使用了不同的词汇。同样，在索尼公司的经营历史上，也用了很多不同的方式描述其核心经营理念。在其创立初期，井深大阐述了索尼公司经营理念中的两个关键成分："我们将迎接技术难题的挑战，并关注那些对社会有重大价值的高精尖技术产品，不管投入多少；我们应该重视能力、工作绩效和个人品质，使每个个体都能发挥出最大的能力和技术水平。"

  40年后，同样的思想出现在被称为"索尼先锋精神"的核心经营理念的阐述中："索尼是时代的先锋，永远不追随别人。通过不断发展，索尼要为整个世界服务。索尼应该一直是未知世界的探索者……索尼的原则是尊重和鼓励个体的能力……不断发挥人的最大潜能。这是索尼的关键力量。"——同样的核心价值观，不同的表达方式。

  因此，你应该抓住核心价值观和目标的实质。其关键不在于多么精彩的表达，而在于对组织的核心价值观和目标的深入理解，然后，能以多种不同的方式对它进行表述。事实上，我们经常建议，确定了

构建企业文化：基业长青的最强大引擎

企业核心后，管理者们应当对核心价值观和目的形成自己的表述，并且和群体中的其他人共同分享。

最后，不要把核心经营理念与核心能力两个概念搞混。核心能力是一个战略上的概念，用于界定你的组织的潜能——你最擅长的是什么；而核心经营理念把握的是你的支持和主张，以及你存在的理由。核心能力应该与核心经营理念一致，并且常常根植于其基础上；但二者不是一回事。例如，索尼公司有着微型化的核心能力（从战略角度上看，这种优势可以应用于广泛的产品和市场中，但索尼公司的核心经营理念并不是微型化。索尼公司也许在100年以后也不把微型化作为其战略的一部分。但是，要想继续成为优秀的公司，它依然需要持有"索尼先锋精神"中描述的核心价值观，以及与现在供养的公司存在的基本理由）发展技术，造福大众。像索尼这样具有远见卓识的公司，核心能力几十年一变，但其核心经营理念却永不改变。

当你明确了解了核心经营理念后，就应该对那些肯定不属于其中的内容进行大胆的修改，从此以后，如果再听到有人说某事不应该变革，因为"这不是我们文化的一部分"，或"我们一直是按这种方式来做的"等诸如此类的借口时，记住下面这条简单原则："如果它不是核心，就应该有所改变。"这一原则的增强版是："如果它不是核心，就一定要变！"不过，明确阐述核心经营理念还仅仅是起点，你还要确定你打算进行何种类型的发展。

需要注意的是，不要把核心经营理念和生动的未来前景混为一谈，尤其是不要把核心目的与BHAG搞混。管理者们常常交叉使用这些概念：或者把二者混为一谈，或者没能准确地区分他们。核心目标（不是一些具体的目标）是组织为什么存在的理由；BHAG则是一

第四章
共享文化的力量

种清楚描述的目标。核心目标永远不可能彻底实现；BHAG却可以经过10至30年的努力而实现。我们可以把核心目标视为地平线上的启明星，它是一种永远的追求；而把BHAG视为一座要攀登的高山，一旦你登上了它的顶峰，又会向另一座山峰进军。

确认核心经营理念，是一种发现的过程；而设计生动的未来前景，则是一种创造的过程。高层管理者们常常很难提出激动人心的BHAG，他们更多地势分析进军未来的具体办法。我们发现，如果让他们首先形成一种对未来的生动形象描述，然后再回过头来提出BHAG，一些人会做得更有成效。这种做法一开始先提出下面这些问题：假设20年后我们坐在这里，我们希望看到什么？这家公司将会是什么样子？员工对公司的感觉如何？它应该实现了什么目标？如果20年后，有人要为一家主要的企业杂志撰稿描述这家公司，它将会写些什么？我们合作过的一家生物工程公司在展望其未来前景时遇到了一定困难，高层管理团队中的一名成员说："每次我们对整个公司提出的未来前景都太普通，毫无激动人心的感觉——都是一些陈腐过时的东西，诸如"发展全球生物工程"。当我们让这些高层管理者们描述一幅公司20年后的蓝图时，他们提出了这样一些事情："作为成功的企业典范在《商业周刊》的封面出现……在《财富》杂志排名榜上跻身前十位……高校最好的毕业生都希望到我们这里工作……坐飞机时乘客会向邻座夸奖我们的某种产品……连续20年来实现利润增长……管理大师们把我们作为优异管理和发展的典范"等等。根据这些内容，他们设置了自己的目标："像默克公司或强生公司那样成为生物工程方面受人尊敬的企业"。

对于一个生动的未来前景来说，分析其是否正确是没有意义的。

构建企业文化：基业长青的最强大引擎

创造性的工作（这项任务是对未来的创造而不是预测）其答案并无正确与否之分。贝多芬是创作了正确的第九交响曲吗？莎士比亚是创作了正确的《哈姆雷特》吗？我们无法回答这些问题，它们毫无意义。生动的未来前景要回答下面这些问题：它是否令我们激情澎湃？它能够激励他人吗？它能否鼓励人们勇往直前？它能调动人们的积极性吗？生动的未来前景本身应该非常激动人心，它能持续不断地激励着组织，即使设立目标的领导人不在时也能起到这种作用。花旗银行的BHAG是"成为迄今为止世界上最强大的、最具服务意识的、最广泛的金融机构"，这一目标激励着几代人的热情，直到它最终实现。同样，NASA的登月使命即使在肯尼迪总统（与设立该目标有关的领导人）去世后，仍然激励着人们，直到几年后最终实现。建构有效的未来前景，要求有一点儿不切实际的信心和承诺。要记住，BHAG并不仅仅是一个目标，它是一个宏伟、惊险和大胆的目标。对于一家地区性的小型银行来说，确定要成为"迄今为止世界上最强大、最具服务意识、最广泛的金融机构"的目标（如花旗银行1915年所作的那样）显然不合常理。亨利·福特说"我们要使汽车大众化"时，也不是吞吞吐吐的声明。菲利浦·默里斯公司过去的目标更近乎可笑——作为排名第六位、50年代时市场占有率仅为9%的公司，确立的目标是打败RJR烟草公司，成为世界排名第一。索尼公司当时仅仅是一个很小的而且资金严重缺乏的企业，却宣称它的目标是改变日本产品在世界上的劣质形象，真是不够谦逊。当然，在设立目标时不仅要大胆，还要有对目标的承诺。波音公司不仅仅是展望了其民用喷气机所统领的未来，它还在707飞机上进行了一番拼搏，后来才有了747飞机。耐克人不仅仅讨论击败阿迪达斯的想法，他们还把实现这个目标作为一种事

第四章
共享文化的力量

业而为之奋斗。的确,生动的未来前景中应该有一点"气吞山河"的因素,以使人们明白实现目标后将会带来什么效益。

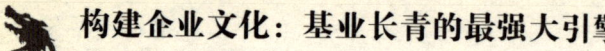

构建企业文化：基业长青的最强大引擎

第五章
整合企业文化

> 具有高度真正诚信能力的人常常勇于承认错误，并对其行为负责，他们的自我价值评判并不是建立在事事正确的基础上，因此犯错误不会令他们紧张。他们不是急于维护自己，也不喜欢指责其他人，或找借口开脱自己。他们更愿意冒险尝试新事物，并说出自己的真实想法，因为即使遇到不同意见甚至不受欢迎，他们总是能接受自己。

构建企业文化：基业长青的最强大引擎

第五章 整合企业文化

全新的企业理念

企业优势规划能使企业善于抓住重要机会，将商业范例中企业的欠佳表现提升到最好水平。与大多数优秀实践规划一样，其关注点是：停止无效率的努力，确保任何人在任何地方都能有效地结合知识财富，发挥最大作用。

时刻谨记：脱离恰当的差异战略，单靠运营优势不足以赢得市场。靠降低生产成本从而降低产品售价难以持久。价格战是相当危险的，因此要尽量避免在个人层面上所产生的恐惧、自私、虚伪、懒于思考和通常糟糕的沟通习惯等，就有可能使人们按照他们希望和迫切需要的那样正确行事。

举个例子来说吧！比如通用电气公司常以一种特殊的方式来奖励成功者。如果一个执行者或者他（她）的团队超额完成挑战的目标，第二年，他们将被要求以更少的资源完成更艰巨的任务。这些人在经历实践的考验后，将学会如何以更少的资源赢得更多利益。所以说，在企业决策时，要明白在此过程中还包含了一系列步骤：

找出至少包含两个待选方案的选择支点。

收集如事实、感觉、理论、观点、风险、机会等各方面的信息，并以此为基础分析当前形势。

确定目标。

构建企业文化：基业长青的最强大引擎

确定待选方案，其中包括创造出"摆脱困境"的方法。

评估每一待选方案的短期、长期后果和意见，必须将所有与组织、员工、客户和周围环境相关的后果考虑在内。

在评估每一个待选方案潜在后果的基础上，评价其风险和可能所产生的利益。

基于以上步骤和决策者信赖的原则、价值观和标准，做出最终决策。

以上讲的企业发展策略等，都离不开企业的价值观和企业文化，否则以上所说的就是空话。企业的存在和发展需要价值观的保证。如果我们去探讨通用公司的发展过程，就会问一个问题，通用一如既往的价值观是什么？事实上通用的价值观是：

● 以极大的热情全力以赴地推动客户成功；

● 视"六个西格玛"质量为生命，确保客户永远是第一受益者，用质量去推动增长；

● 决不容忍官僚作风。因为官僚非常容易滋生，一不小心就会增加自己的人员，使机构变得臃肿；

● 以无边界工作方式行事，永远寻找并应用最好的想法而无需在意其来源；

● 重视全球智力资本及其提供者，鼓励员工提供新的主意、新的创意，然后鼓励大家互相的分享。

● 视变革为可以带来增长的机会。

● 确立一个明确、简单和以客户为核心的目标，并不断更新和完善它的实施。

● 创建一个"挑战极限"的境界。

第五章
整合企业文化

所以说，最大的问题常常并不在于意识到决策的必要性，或意识到除了以相同的速度沿着昨天甚至前天走过的老路继续前行之外，还存在着其他的选择。公司常常不去考虑如果不改变现行政策和工作程序将意味着什么。

在其最高层次，决策素质表现为以更高的原则、目标和价值观为基础来进行决策的能力。做出正确的选择，即使它会产生令人非常痛苦的后果，还是需要超越个人情感的勇气，也需要将更大的追求置于个人利益和舒适感受之上的献身精神，对于正确决策的做出，勇气起着与知道应该怎么做同样重要的作用。

再比如，中兴通讯是中国拥有自主知识产权的通信设备制造业的开拓者，国家重点高科技企业。拥有移动、数据、光通信以及交换、接入、视讯等全系列通信产品，具备通信网建设、改造与优化一揽子方案解决能力。

自1985年中兴通讯成立以来，公司即面临着客户需求日益增长、市场变化多端的状况，中兴人不断利用先进技术、优质产品和系统解决方案以满足并努力超出客户的要求。经过30年的发展，中兴通讯这个靠300万元起家的小公司，已经在国内重点城市和美国、韩国设有12个全资科研机构，承担中国第四代移动通信（C3G）等多个国家863项目，并分别与美国德州仪器、摩托罗拉、清华大学、北京邮电大学、电子科技大学等成立联合实验室，在全球40多个国家建立有分支机构，中兴从最初南下的5个人创业到今天拥有13000名员工，其中85%具有大学本科以上学历，研究生有3000多人。2001年，公司实现销售合同额139.9亿元，当国内外各大通信制造企业业绩全面下滑，中兴通讯则一枝独秀，成为行业中唯一的亮点，继续保持稳健持续增长。

构建企业文化：基业长青的最强大引擎

　　30年创业奋斗，中兴通讯大胆改革，创造出"国有控股，授权民营经营"为核心内容的混合所有制模式，被深圳市委市政府赞誉为"深圳国有企业改革的一面旗帜"。中兴通讯1997年上市以来，始终以诚信回报投资者，一直树立起诚信和绩优的高科技龙头上市公司形象，深受证券监督管理机构赞誉和广大投资者的厚爱。2001年，中兴通讯入选中央电视台等单位发起评选的"中国最令人尊敬的上市公司"和教育部组织调查评选的"中国大学生首选就业企业"。

　　中兴通讯的成功之道是如何走出来？这应归功于中兴独特的企业文化。

　　中兴文化到底是什么？即我们反对什么？提倡什么？

　　中兴通讯的核心价值观体现在：

　　互相尊重，忠于中兴事业；

　　精诚服务，凝聚顾客身上；

　　拼搏创新，集成中兴名牌；

　　科学管理，提高企业效益；

　　公司强调"互相尊重，忠于中兴事业"，不是一种对企业目标的盲从，我们的事业首要的是强调"振兴民族通信产业是中兴人为之共同奋斗的事业"，企业在自我发展自我积累的同时，要为国家和所在社区做出应有贡献，仅2001年，中兴通讯向国家和深圳市上缴税收就达13亿元，这是企业作出的直接贡献，间接的贡献则更多，比如中兴员工强大的住房购买力直接拉动各个区域的地产经济，消费实力直接刺激当地的消费指数强劲增长。

　　文化最初是一个理念，然后通过种种机制，正式变为每一个员工的行为。比如为实现"精诚服务，凝聚顾客身上"的理念，中兴通讯

第五章
整合企业文化

每个月都要进行内部和外部顾客满意度调查、打分，结果直接关系到各个部门的考核和员工的薪水，长期下来理念就慢慢形成了文化。对于一个具有13000名员工的公司，沟通与形成默契只有靠一套制度将每个人联系起来。

中兴文化概括起来有以下几个特点：

1. 诚信文化：诚信是中兴通讯的立身之本，中兴人行动的第一准则

诚信的第一个概念是企业的诚信。综观通信业，国外电信业巨头纷纷出现巨额亏损，他们要技术有技术，要专利有专利，为什么业绩还如此下滑？答案是两个字：私利。在私利的驱动下，导致企业经营者不择手段，作出大量的不惜牺牲企业的信誉的短期行为，目的是个人利益的套现。国内企业"造假圈钱"粉饰企业业绩，除了个人获利，再有的目的是体现个人任期业绩；国外企业不存在任期业绩，但虚假利润可以带来高额期权套现。这在中兴通讯行不通，中兴企业文化手册中明确规定，对外交往、宣传以及发布公司业绩要坚持诚信务实的原则。简单的例子，中兴通讯上市至今，从不参与股票炒作，给予投资者的是长期的回报，靠业绩增长赢得股民信任，基金大量持有中兴股票，看中的也是企业稳健经营，业绩保持持续增长带来的收益。

诚信的第二个概念是企业成员之间的尊重和信任。企业文化应该是企业中每个员工都认同的一种观念、一种制度。好的企业文化能调动员工最大的能量、担起的责任。比如在管理上，中兴所创造的文化是"充分授权"，授权团队走向成功。信任每一名员工，是将工作的主动权交给员工，给员工便利去创造企业的利益，各级管理者是教练

构建企业文化：基业长青的最强大引擎

的身份，指导和帮助员工实现工作目标。上下级观点不一致时，我们强调通过沟通达成共识，沟通则要求以倾听作为基础，平等、开放的心态，并且下级可以越级汇报，而上级一般不允许越级指挥。

对员工的尊重还体现在奖励上。中兴为员工的职业生涯的发展设计了三条跑道，员工可以根据自己的擅长选择管理、业务和技术三条线来实现自己的职业发展，在中兴并非当官才是成功人士，有成就的业务和技术骨干可以和总裁一样的待遇，这也是留住人才的最为重要的激励机制。事业、待遇和感情，是中兴吸引留住人才的三个法宝，三条跑道使员工与企业共同成长。企业总说要重视人才，体现在哪呢？"员工是企业最重要的资源。"企业对此几乎众口一辞，但大多数员工却不以为然。我们的原则就是在企业发展的进程中，要让员工充分分享企业的成功。这一点也集中反映在我们制定的分配原则上，企业收益，先分配给员工和投资者，然后是国家和企业。

2. 顾客文化：顾客至上，始终如一地为顾客的成功而努力

企业是为客户服务的。企业成功的关键是客户，客户决定一切。中兴的产品是由客户决定的。客户随时变化的要求就是一种市场信息，指导企业的发展方向，企业必须适应这种情况而相应变化。

建立顾客文化。永远保持对顾客的热情。同顾客做有利可图的生意，是成功企业发展的推动力。一般来讲，顾客可以自主选择供应商。因此，想留住顾客并吸引新的业务，企业必须首先争取到为顾客服务的权利。要做到这点，企业只能提供顾客想要的产品或服务，出顾客愿出的价钱，而且要保证目标顾客明白企业所提供服务的好处所在。不仅如此，企业还要信守承诺并预见到顾客未来的需求。

3. 学习文化：不学习的人，实际上是在选择落后

第五章
整合企业文化

学习是一种美德，学习先进企业的成功经验，以开放的心态对待一切批评；挑战变革，敢于突破常规，力图改变大大小小的游戏规则，把变革甚至危机转为机会；激励创新，不断寻找一切好的设想，不管它来自何处。

知识经济下企业的竞争，不仅仅是产品、技术的竞争，更是人才的竞争，实质上是学习能力的竞争。企业必须建立有利于企业知识共享和增值的新型企业文化，将知识视为企业最重要的资源，支持组织和员工有效地获取、创造、共享和利用知识，提高企业核心竞争力，成为一种学习型组织，适应竞争的需要。

员工的态度是企业文化的一方面。中兴员工总是"从正面看问题"，认为挑战是机会，失败是机遇。中国有一句古话"生于忧患、死于安乐"，保持健康的危机感是中兴不断追求更好的一个前提。作为国内通信行业中最大的企业之一，从企业到员工都具有"危机感"，挑战的是自己，所以一直稳健经营，保持持续健康增长，并准备迎接中兴越来越大的发展空间。

构建企业文化：基业长青的最强大引擎

企业文化改变员工的行为方式

企业作为一种以人与人的组合为基础的经营活动主体，其经营行为必然最终都要人格化。换言之就是说，企业是人格化的企业，企业的所有活动最终都要靠人来执行。正是因为如此，所以企业的制度安排、企业的经营战略的选择，最终都必然会体现在人的价值理念中，也就是以企业文化的形式表现出来。

美国零售大王山姆·沃尔顿在总结自己的成功时候说："和帮助过你的人一起分享成功是我成功的秘诀。"通过与所有员工伙伴共享利润以及赋予他们在工作岗位上的权力，山姆赢得了员工伙伴极大的忠诚，这也是他创办的沃尔玛如此成功的重要原因。事实上，有的领导最容易犯的毛病之一就是有功劳归自己，有错误怪员工。

在某大公司的年终晚会上，老板特别表扬了两组业绩较好的员工，并邀请他们的经理上台发表感言。没想到，两位经理的表现形成了极大的反差。第一位经理好像早有准备似的，一上台就夸夸其谈地说起他的经营方法和管理哲学，不停地向台下员工暗示自己为公司所做出的贡献，使得台下的老板及他自己的员工听了心里都很不舒服。

与第一位经理不同，第二位经理一上台就开始感谢自己的员工，并说："我很庆幸自己有一班如此拼搏的员工！"最后还邀请员工一一上台来接受大家的掌声。这使得台上、台下的反应大大不同。

第五章
整合企业文化

像第一位经理那种独占功劳、常自夸功绩的人，不仅会使员工不满，就是老板也不会喜欢。第二位经理能与员工分享成果，令员工感到受尊重，那么他们以后一定会更加努力拼搏。其实老板心里最清楚功劳归谁，所以那不是你喜不喜欢与他人分享的问题。你是希望自己像第一个经理那样，还是像第二个经理那样?想必答案不言而喻吧！

在向上邀功这件事上，假如主管是个喜欢独占功劳的人，相信他的员工也不会怎样为他卖力。反之，如果主管能乐于和员工分享成功的荣耀，员工做事也分外卖力，希望下次也一样成功。所以领导者正确的做法是与员工分享功劳，分享成功的幸福和喜悦。每个人做事都希望被人肯定，即使工作不一定成功，但始终是卖了力，谁也不希望被人忽视。一个人的工作得不到肯定，他的自信心必然会受到打击，所以作为主管，千万不能忽视员工参与的价值。

三国时期，曹操为了统一北方，决定北上征服塞外的乌桓。这一举动十分危险，所以许多将领纷纷劝阻，但曹操还是率军出击，将乌桓打败，基本完成了统一北方的大业。

班师归来，曹操调查当初有哪些人不同意他北伐的计划。那些提出反对意见的人认为要遭到曹操严惩了，一个个都十分害怕。不料，曹操却给了他们丰厚的赏赐。大家很奇怪，事实证明劝阻北伐是错误的，不仅不受惩罚，怎么反而会得到赏赐呢?

对此，曹操的解释是："北伐之事，当时确实十分冒险。虽然侥幸打胜了，是天意帮忙，但不可当作正常之举动。各位的劝阻，是出于万全之计，所以要奖赏，我希望大家以后更加敢于表达不同意见。"从那以后，将士们更加进言献策，尽心尽力地要为他效劳。

事实上，合格的领导者总是能够肯定员工的成绩，承担自己的错

构建企业文化：基业长青的最强大引擎

误。曹操这种人是拥有超级揽心术的人，即使他力排众议而且大胜，也绝不骄傲，而是充分肯定那些有一定道理的将士。如果企业领导者都能像曹操这样，还愁企业没有凝聚力和向心力吗？

分享胜于独享。与所有员工共享荣耀是以合作伙伴的方式在对待他们，公司和经理通过这种方式改变了与员工伙伴之间那种特定的正常关系，使得这些员工伙伴在与供应商、顾客和经理的互动关系中开始表现得像个合作伙伴。而合作伙伴是被赋予权力的一类人，所以员工伙伴会觉得自己也被赋予了权力，从而以更加认真和积极的态度来看待自己肩上的责任。所以说，以宽容的心去分享成果，会让员工更加死心塌地地追随自己的上司。

有时缺乏有意识的合作也能改变人们的行为，但如果有了改变行为的动力，则可以收到事半功倍的效果。就改变企业文化而言更是如此，因为它需要上百或上千的人改变他们每天的办事方式。改变企业文化需要你激励人们全身心投入这一努力。比如华为有一个最基本的假设，叫做我们绝不让雷锋吃亏。用他们老板的话讲，就是绝不让雷锋穿破袜子，让焦裕禄累出肝病来，奉献者定当得到合理回报。这样的假设，又怎么形成它的文化的呢？这就是首先看现实，现实是为什么雷锋越来越少了？而在一个企业是需要雷锋的，需要千百万个雷锋。那么接下来要思考这个现实，雷锋少的原因是什么？因为谁当雷锋谁吃亏，所以雷锋越来越少了。那么这时自然就要提出假设来了，假设什么？假如我们不让雷锋吃亏，会怎么样？结论是雷锋肯定会越来越多。所以老板就开始宣传自己的理念，在华为"绝不让雷锋穿破袜子，绝不让焦裕禄累出肝病来"。宣传完了以后，再将它放在制度里，设计一套不让雷锋吃亏的制度，这个制度主要表现在评价制度和

第五章 整合企业文化

分配制度上，然后实施这个制度，推行这个制度。通过制度进一步强化这种理念，由此引导大家都来做雷锋。这就是通过制度培养雷锋，所以在200多年前，美国的建国先贤们讨论的不是谁当总统，他们思考的正如《基业长青》一书所描述的："我们能够创建什么样的程序，使国家在我们死后仍然能拥有很多优秀的总统？我们希望建立哪一种长治久安的国家？要靠什么原则建国？国家应该如何运作？我们应该制定什么指导方针和机制，以便创造我们梦想的国家？"你认为起着决定因素的是什么？

人类发展历程中的前进步伐向世人揭示了一个非常简单的道理：若要取得重大突破，仅仅简单地改变人们的行为和心态是远远不够的。最为重要的是，要改变人们如何看世界的角度，即人们的思维模式，也就是人们对事情所做的假设。历史上所有伟大的变革，无不源于思维模式的转变，无不源于人们看待事物方式的改变。经过多年以来的潜心研究，我们认识到，如果人们仅仅期望取得一点点的进步，那么只需要改变人们的行为和心态即可；但若要追求重大的转变和进步，则一定要改变思维模式。

在取得重大突破和进步之前，首先要彻底地对我们的思维模式、我们的思想进行反思，同时对变革保持开放的心态。当然，这一转变过程充满了风险！但如果要取得巨大的社会进步，必须做好敢冒巨大风险的思想准备。在此之前，我们必须先要取得一些个人成功，这样才能增强我们内心的安全感、带来勇气和谦虚。埃及总统萨达特曾经说过：不能改变思维的人，永远也不会有能力改变现实，也永远不会有什么进步。

在创造新的企业文化的过程中，在当今的世界中，我们的思维模

构建企业文化：基业长青的最强大引擎

式到底应该是什么样的？我们是否正在取得重大进步？如果没有，究竟是什么阻碍了我们前进呢？我们取得了突破性的业绩结果了吗？在当今的管理模式中，我们应该提供一种怎样的变革？我们应该提供一种什么样的价值理念？此时你就需要快速思维，并能够掌握以下四个特殊技能。

技能一：预期未来——事先预测可能发生的事情。

技能二：在其他人之前发现趋势。

技能三：通过培养良好的环境让最好的想法赢。

技能四：迅速而精确地评估新想法的潜能。

任何企业都会倡导自己所信奉的价值理念，而且要求自己所倡导的价值理念成为员工的价值理念，并在实践中将自己所倡导的价值理念认真实施，从而使自己所信奉的价值理念成为指导企业及其员工的灵魂。也就是说，企业文化实际上是指导企业及其员工的一种价值理念，这种价值理念体现在每个员工的意识上，当然最终就成为指导员工行为的一种思想，因而企业文化最终作为企业的灵魂而存在。

任何一个企业所倡导的企业文化，恰恰就是这个企业在制度安排以及经营战略选择上对人的价值理念的一种要求，也就是要求人们在价值理念上能够认同企业制度安排及企业战略选择，并以符合企业制度安排及战略选择的价值理念指导自己的行为，因而企业文化实际上是作为企业的灵魂而存在的。

一个企业文化灵魂的出窍，是以这个企业所提倡的企业理念及其企业的成长背景分不开的。一个企业组织在体现这种企业文化时，首先要让员工明白，他与完成任务的能力相关的因素是什么？达到目的的方法是什么？人们是否受到充分的激励而积极地去实现目标？他们

第五章
整合企业文化

是否能够影响公司？他们是否能够适应环境的变化？他们是否重视质量问题？他们是否能在组织中将事情办好？这些问题决定了某人能否成为一个卓有成效的员工、一个卓有成效的目标实现者。要建立这种文化体制，企业的核心部分必须是那些让你信任他们定能按时出色完成工作的人。因为，在这个人的身上，已经体现出了以业绩为导向、绩效管理、影响力、主动性、生产效率、灵活性、创新能力、质量关注意识、市场推广意识、品牌意识、不断改进的精神和专业知识技能。而这些体现，所反映的恰恰是一个企业的文化灵魂。

经过上面的分析，我终于可以对你说，你如何才能比你的竞争对手更快速地思维，此时你就要认识到，为了能够快速思维，你就需要"理解变化的主要驱动力，以动静态相结合的形式工作，不断寻找新的组合，并且以不断发展的知觉来行事"。比如世界上最快的公司的快速思维是因为他们能够：

预期：预期能够使你明确你要走到那里，你的目标是否能实现。

发现趋势：它能使你抓住从身边纵身而过的每一个成长机会。

创造环境：它使得最好的想法——无论从哪里来的——总会赢，并且正确而快速地评价新想法的潜能。

构建企业文化：基业长青的最强大引擎

提高企业的效益

未来最成功的企业将是"学习型组织"，未来企业唯一持久的优势是你学习的速度超过你的竞争对手。在知识经济时代，企业要成为"学习型企业"，个人要成为知识型员工，知识型员工将成为企业的主体。

企业成为知识型企业，企业管理就要变为文化管理。对"知识员工"的管理只能是通过培养共同的经营理念、共同的企业价值观、企业精神和职业道德等来实现。通过理念、价值观、企业精神等影响员工的工作态度及行为，建立起开放和信任的企业内部环境，激发员工的责任感和敬业精神，使他们自愿合作并承担开发知识资源，去完成知识创新和技术创新的任务，以达到更好的目标和产生更高的效益，这就是文化管理了。

另外，优秀的企业文化要创新，还要与时俱进。企业文化需要伴随企业的发展和市场的变化不断发展创新。海尔文化是企业文化创新的一个代表，张瑞敏对海尔文化作了这样的表述，概括成二个字：创新；概括成四个字：不断创新；概括成六个字：永远不断创新。创新是海尔文化的全部内容，如同人的血液，激荡着整个肌体；像电流，驱动着整个机器。创新是海尔的灵魂。

再如万科公司，这个首届CCTV年度最佳雇主获得者在2007年推出

第五章
整合企业文化

"住宅工业化",又一次通过创新引领产业的发展。

万科董事会主席王石形容每次转变的震荡之巨,都会用到"自我颠覆"一词。虽然"住宅工业化"在发达国家已经是成熟的房地产生产模式,但在中国还算首例。

这种不安于现状、积极寻求自身创新突破、否定再否定的"自我颠覆"精神值得所有人尊敬。在不断的自我否定中,企业总是占据行业发展的潮头,尽管员工常常感觉到压力巨大,但是他们有奔头。

万科的创新战略除了在工程建筑上的工业化实践外,还始终将人才的培养和激励当做企业发展的重中之重。

万科把每年招聘到职的应届毕业生称为"新动力",也就是新生力量、新鲜血液的意思。每一个新动力的成长、成熟的同时都会为万科注入新的力量。

同时万科每年会有定期的评选机制,对于那些进入创新体验同时通过评选的提案给予评奖,评奖之后还会给予现实的物质奖励和精神奖励。

由此可见,优秀企业如果能用实践来鼓励创新思想和创新行为,也就带动了全体员工,激发了员工的学习意识和创新意识,培育了企业的学习文化、创新文化,最终使企业文化转化成企业效益。

企业实际上是人的组合体,而人又是有思想的,任何的行为都会受到自身思想的指导和约束,因此,企业文化作为每个企业员工的一种企业理念存在,当然就会对企业员工的行为发生应有的作用。但这种作用是怎样体现的呢?一句话就是:以员工的业绩为导向。

业绩导向包括那些内容呢?它包括挑战性目标的确立、为之付出努力并最终实现。一系列研究证明,以业绩为导向是最能区分绩效出

构建企业文化：基业长青的最强大引擎

众者的能力之一。但在我们众多的企业管理过程中，这种业绩很难体现出来。

这是由我们的企业制度所决定的。需要指出的是，这种制度对人的约束往往有两种：一种是外在的约束，一种是内在约束。这两种约束对员工的价值理念的存在均产生了不同的影响。但是，这里有一点需要指出的是：业绩导向是意识强烈的人认为一项任务的完成是一个限定的过程，对完成的时间、任务的大小都有适当的限制要求。

这二者有什么区别呢？从前者的角度看，企业文化能够使员工自觉主动地执行企业制度，贯彻企业经营战略，因而企业文化是实现企业制度与企业经营战略的思想保证。而后者则体现出这样一种形式：当业绩导向意识薄弱的人处理问题时，往往不清楚他们究竟想从中得到什么。因此，他们常常不能做到按时完成任务、有效利用资源，或从任务的完成中获得满足感。

这种弊端应该如何解决，应该建立哪种体制比较好呢？从中国目前的现实情况来看，凡是企业制度安排及企业战略能够顺利实施的企业，实际上都有一整套良好的企业文化，并发挥着重要作用。例如我们前面提到的海尔集团，就是因为有一整套的企业文化，才能够快速、高效的发展。"

但是，以业绩为导向的这种模式，只要你处理得好，也会发挥重要的作用，但在实施前，你必须记住：

确立可实现的目标；

为实现目标做出努力；

建立评估行为和绩效的标准。

构建团队精神就是构建企业文化

团队是复杂的实体，人们以不同的方式为团队的成功做出贡献。有些团队成员是优秀的组织者，他们善于将任务分散并分配给其他成员，使得以迅速、高效地完成，有些成员乐于不知疲倦地工作，以他们的辛勤努力推动团队的进步；有些成员的强项是协调小组的工作进程，使整个团队协调一致，愉快合作；有些成员以他们的活力和激情鼓励团队成员，调动他们的积极性；有些成员实事求是，他们指出其他人不愿涉及的问题和难题，而若非他们及时指出，这些问题终将终止团队的运作。理想状态下，一个团队应该由各种类型的成员组成，他们在这些确保计划完成的重要方面各有所长，这样整个团队的工作就不会因团队成员能力上的差距而被拖延或延误。

作为一个企业领导者，我们就需要体现出：

履行对其他团队成员承诺的义务。

对其他成员的工作提出反馈意义，帮助他们成为更出色的团队成员。

真正地体现出一个企业的核心价值观。

人是企业管理的出发点和归宿点。对内，文化管理强调关心职工、尊重员工，千方百计调动员工的积极性；对外，文化管理强调要关心用户，真正树立用户第一的价值观念。对外，就是要对自己的市

构建企业文化：基业长青的最强大引擎

场进行观察和搜集相关信息，找到了经济不景气的原因，探讨了客户将如何应对目前这种情况、变革能给他们客户的公司带来什么影响。

如果领导想塑造一支忠诚的团队，就必须为团队创造清楚的使命感。现代人偏好独立作业，喜欢在他们自己的时间和空间里，追求有创意的最后成果，而只有特别的公司才能赢得现代人的全心奉献。评估一个公司时，首先会看看这个公司是否有清楚的使命感，因为一个没有使命感的团队不可能生产出有价值的最后成果。许多人不可能把创意自主性浪费在可能虚掷他们才华的团队上，为了将自我的目标与团队的目标合二为一，团队的目标必须一致，定义明确才可能成功。

团队目标以组织为导向，现代人对团队目标的清楚定义有更高标准的要求。团队目标如果是在没有员工参与的情况下制定的，而又被断然宣布，强加在他们身上，那么这个团队目标最好订得非常完美。团队目标最好能够提供员工成长和学习的空间，让他们有机会对宝贵的最后成果有所贡献。因为团队目标是他们工作价值的唯一参考点。

有的员工指出："我们毫无团队精神可言，因为我们根本没有教练，因此也没有统一的使命感及目标。如果大家可以一起为共同目标努力，感觉一定很棒。可是没有人领导我们，所以大家要不就放弃，要不就是只为自己努力。在这样的情况下，成果永远只是差强人意。"

有的员工指出："真正的转折点是我开始觉得我只是为公司工作，却不是公司的一分子。管理阶层完全未征询我们的看法，没有问我们的意见，没有解释发生了什么事或是变动的原因，便把每个人的工作做了一番重组。我们完全不被当做公司的一员，这对士气打击很大，每个人的生产力也大为降低。以我为例，我本来非常地卖命，常常加班，为工作付出许多心力。但是现在，我们对工作完全无法控制，使想把工作做好的希望破灭，而工作的成功与否也不再是我的问题了。"

对于许多员工来说，坚持制定工作议程和工作目标，却不提供必要指导以支援这些工作和目标的管理者，令他们感到挫折失望。他们的创造自主性受到压抑，大量精力平白浪费在没有方向感的团队里，最终他们只好失望地离开。那么，如何培养团队精神呢？

传统的组织管理模式和团队协作模式最大的区别在于，团队更加强调团队中个人的创造性发挥和团队整体的协同工作。如何协调个人成长与团队成长的关系，使他们能够相互作用、共同发展，是一个值得讨论的话题。

人们在组织中互相协作，创造出的集体成果远远大于个人努力的总和，因此与人际关系相关的能力对个人和组织的成功也是至关重要的。这一类能力与个人品质和特征息息相关，其中包含了自身与他人之间的关系和交往。虽然有些人出类拔萃的能力弥补了他们在人际交往和人际关系能力上的不足，但他们所体现出的团队精神却是一流的。

团队精神都包含哪几方面内容呢？

1. 员工对团队的高度忠诚

团队成员对团队有着强烈的归属感、一体感，强烈地感受到自己是团队的一员，绝不允许有损害团队利益的事情发生，并且极具团队荣誉感。

2. 团队成员相互尊重

这包括两方面的意思：一是特定团队内部的每个成员间能够相互

构建企业文化：基业长青的最强大引擎

尊重，彼此理解；二是团队的领袖或团队的管理者能够为团队创造一种相互尊重的氛围，确保团队成员有一种完成工作的自信心。人们只有相互尊重，尊重彼此的技术和能力，尊重彼此的意见和观点，尊重彼此对团队的全部贡献，团队共同的工作才能比这些人单独工作更有效率。

3. 团队充满活力

一个团队是否充满活力，我们可以从三方面看出来，这三个方面也是管理者要注意的地方。

(1) 主动精神。团队是否有创造性的想法？是否积极思考，寻求问题的解决方案？能否发现机会，敢冒风险？团队是否能提供团队成员挑战自我、实现自我的机会？

(2) 热情。大家对共同工作满意的程度如何？是否受工作的鼓舞？想干出成就吗？成功对大家有无激励？

(3) 关系。团队成员能愉悦相处并享受着作为团队一员的乐趣吗？团队内有幽默的氛围吗？成员之间是否能共担风险？

那么，作为团队中的一员，我们应该从哪几个方面来培养自己的团队合作能力呢？

1. 寻找团队积极的品质

在一个团队中，每个成员的优缺点都不尽相同。你应该去积极寻找团队成员积极的品质，并且向他们学习，让你自己的缺点和消极品质在团队合作中被消灭。团队强调的是协同工作，较少有命令指示，所以团队的工作气氛很重要，它直接影响团队的工作效率。如果团队的每位成员，都去积极寻找其他成员的积极品质，那么团队的协作就会变得很顺畅，团队整体的工作效率就会提高。

2. 对别人寄予希望

每个人都有被别人重视的需要，特别是那些具有创造性思维的知识型员工更是如此。有时一句小小的鼓励和赞许就可以使他释放出无限的工作热情。并且，当你对别人寄予希望时，别人也同样会对你寄予希望。

3. 时常检查自己的缺点

你应该时常地检查一下自己的缺点，比如自己是不是还是那么对人冷漠，或者还是那么言辞锋利。这些缺点在单兵作战时可能还能被人忍受，但在团队合作中就会成为你进一步成长的障碍。团队工作中需要成员一起不断地讨论，如果你固执己见，无法听取他人的意见，或无法与他人达成一致，团队的工作就无法进展下去。

团队的效率在于配合的默契，如果达不成这种默契，团队合作可能是不成功的。如果你意识到了自己的缺点，不妨就在某次讨论中将它坦诚地讲出来，承认自己的缺点，让大家共同帮助你改进。当然，承认自己的缺点可能会让人尴尬，你不必担心别人的嘲笑，你只会得到同伴的理解和帮助。

4. 让别人喜欢你

你的工作需要大家的支持和认可，而不是反对，所以你必须让大家喜欢你。除了和大家一起工作外，还应该尽量和大家一起去参加各种活动，或者礼貌地关心一下大家的生活。总之，你要使大家觉得，你不仅是他们的好同事，还是他们的好朋友。

5. 保持足够的谦虚

团队中的任何一位成员都可能是某个领域的专家，所以你必须保持足够的谦虚。任何人都不喜欢骄傲自大的人，这种人在团队合作中

构建企业文化：基业长青的最强大引擎

也不会被大家认可。你可能会觉得某个方面他人不如你，但你更应该将自己的注意力放在他人的强项上，只有这样你才能看到自己的肤浅和无知。谦虚会让你看到自己的短处，这种压力会促使你自己在团队中不断地进步。

在我领导企业的过程中，这也是我一直强调的一点，我深知，从一个团队的精神层面上，可以看出这个企业的文化是不是一流的，如果不想做一流的企业，如果不想一流的文化，也就没有一流的团队精神。

团队精神这样一种能力在今天的管理界是一个耳熟能详的概念，几乎成为一种风尚。尽管如此，能够作为共同合作的小组成员之一有效地发挥自己的作用在许多职位中的确是一个绩效出众者的突出特点。虽然人人都认可团队精神的重要性，但大多数人并未探究过究竟什么叫作团队中的一员。团队精神不止是发挥你个人的作用，或者通俗地说就是紧紧抓住你那一头的枝条。优秀的团队成员能够通过各种行为和工作方式提升团队中其他成员的工作绩效。

团队中的个人素质

个人素质能力是每个人内在的一类能力，反映出个人的品质和特征，与之相关的因素有人们相信什么，采用何种思维方式，他们如何去感受周围环境，能感受到什么，他们如何学习，如何发展自我。这些能力会影响人们完成任务和与人相处的能力，但与之最为相关的是自我认同意识。体现这种自我意识的一个方面就是团队成员的自我发展能力。

什么是自我发展能力呢？自我发展能力是人们用以表现其不断成长、学习和发展的愿望和能力，是每一个人固有的能力。人类具有处理信息的能力、学习的能力，并能够以全新的、不拘一格的方式创造对周围环境的反应。毕竟学习和成长的愿望是人类内在的固有品质。

具有这种能力的人将会发挥什么样的作用呢？

具有很强自我发展能力的人能够对他们现有的技能水平和行为获得进一步成功所需要的其他技能做出准确评价。他们还主动去发现将来的岗位可能需要哪些技能，并为获得这些技能做必要的准备。他们准确评估哪些能力对自己目前和将来从事的工作至关重要，并投入大量的时间和资源提高这些能力。自我发展能力强的人不断寻找有利于自身成长和发展的机会。他们把自己置于富于挑战性的环境中，这样的环境虽然不能保证他们100%的成功，但要求他们必须迅速获得新的

构建企业文化：基业长青的最强大引擎

能力。他们沿着陡峭的学习之路不断攀登，不断发展自我。

具有很强自我发展能力的人乐于听取他人对其长处、弱点、技能和能力等等方面的反馈意见。他们不急于维护自己，而是积极寻找并感谢帮助他们提高的任何反馈意见。他们习惯于问自己：我怎样做才能做得更好？我能采用什么样的不同方法？他们寻找机会应用自己的技能和知识。最后，具有自我发展能力的领导者能够创造出一种环境，鼓励和认同那些乐于发展自己、学会犯错误以及不断学习和成长的员工。

有这样一个故事，两个工作不顺心的年轻人向师父请教："师父，我们在办公室被欺负，太痛苦了，求你指示，我们是不是该辞掉工作？"两个人一起问。

师父闭着眼睛，隔半天，吐出五个字："不过一碗饭。"就挥挥手，示意年轻人退下。

两人回到公司，一个人立刻就递上辞呈，回家种田，另一个什么也没做。

转眼十年过去了，回家种田的以现代方法经营，加上品种改良，成了农业专家。另一个留在公司的，也不差。他忍着气，努力学，渐渐受到器重，成了经理。

有一天两个人遇到了。

"奇怪，师父给我们同样'不过一碗饭'这五个字，我一听就懂了。不过一碗饭嘛，日子有什么难过，何必硬待在公司？所以我就辞职了。"农业专家问另一个人："你当时为何没听师父的话呢？"

"我听了啊。"那经理笑道："师父说不过一碗饭，多受气，多受累，我只要想不过为了混碗饭吃，老板说什么是什么，少赌气，少计较，就成了，师父不是这个意思吗？"

两个人又去拜望师父，师父已经很老了，仍然闭着眼睛，隔半天，答了五个字："不过一念间。"

然后挥挥手……

或者你听说过这个故事，可能你会把它当成一个笑话，因为类似的笑话或寓言太多了。

但是，如果你再仔细品味一下"不过一念间"这五个字时，你会从中悟出很多……

在我们日常生活中，在工作中，在商海搏击中，有许许多多的一念间，就在这些一念间，成就了许多不朽的传奇。如果李嘉诚没有看到塑料花的潜力，就没有长江实业；如果霍英东没有看到军事物资的航运市场，就没有今天的霍英东集团；如果杨致远没有看到网络市场的潜力，就不会有今天的雅虎……

生活中有太多太多的如果了，可是我们不想想为什么我们没有抓住这个如果呢？

是因为我们没有这个机会吗？

不是，在任何时代都有一些成功或失败的故事，原因各有千秋，但并不是说那些成功的人机会就比失败的人多。相反，我们看到大部分成功的人，他一开始都不是社会的精英，而是普通甚至是底层的人，我们经常可以看到在某个山村可以考出个状元来，然后他一步一步走向某一领域的成功位置。

为什么同样在一个山村里，有的人一辈子也走不出来，而有些人却可以成为社会的精英？许多人都见过苹果从树上掉下来，但世界上只有牛顿发明了万有引力的定律。

构建企业文化：基业长青的最强大引擎

人天生是不平等的！有的人天生就是富贵命，一出生就在社会的上层家庭里，而有些人却一出生就在乞丐家里，这就天生的不公平。如果乞丐的儿子要奋斗到和富人家的儿子一样，不知道要多付出多少血汗。这种现象是存在的，但毕竟是少数的，我们不能用个性来代替共性。我们要讨论的是为什么条件差不多的人会有很大的差别，这才是我们的目的。

人要过得不比别人差并不难，努力一些就行了。但是，如果你立志要成为人中龙凤的话，那你需要一点东西：悟性！

什么是悟性？我的理解就是：

(1)在最短的时间里抓住机会；

(2)不会被事物表象迷惑；

(3)能够以一晓百，一点就通；

(4)站在现在看未来。

总结起来，悟性就是要具备四种能力：敏锐力、洞察力、逆向思维、前瞻性。

一个人想具有其中某种能力并不难，你有意去学习培养就可以获得，但是，如果你想同时具备这四种能力的话，除了努力外，还需要点天赋。因为真正有悟性的人并不是后天培养出来的，而绝大多数是与生俱来的。有一本书上这样写道：

生活始终朝着未来，悟性经常向着过去。

它的原意是人可通过领悟过去的哲理而获得悟性，我却不这样认为，悟性经常向着过去是因为它是天生就有的，而不是后天学的。有很多人都认为网易丁磊的成功是机遇大于能力，但从企业家必备的素质要求来看，能否抓住机遇就是能否成为成功企业家的先决条件。在

第五章
整合企业文化

当时网络热的时候,有千千万万的人都想从中找到自己的机会,为什么只有少数几个人能够成功呢?这就是悟性的不同!

有人说,人与人是没有区别的,只要有机会,你也能做企业领导者。但我们却知道,同样是"0"和"1",有的人一辈子就只知道它是阿拉伯数字,但有的人却用它创造了二进制发明了电脑,改变了人类的生活。

因此,悟性对于企业家而言还表现在他们对管理的深刻见解,他们除了企业家天生的商业敏感外,还承担着企业教主的身份。

企业家最重要的管理职能是战略决策与精神导向,当好一名企业精神领袖,一家企业的首席企业文化设计师,一名传播企业圣经的牧师,是任何有抱负的企业家永远追求的目标。从这个角度来说,优秀的企业文化并不是适合所有的企业家,它只适合那些有抱负的企业家。

正如管理大师德鲁克所说:"中国什么都能引进,就是不能引进管理者!"中国企业缺乏精神领袖,更缺乏有抱负的精神领袖。我们不难看到,中国并不缺乏有钱有实力的企业家,改革开放后,中国有许多人通过各种方式富起来,但这些人创办的企业并没有成为知名企业或者永远都不可能成为知名企业,更谈不上为中国经济繁荣而奋斗,因为他们的老板只想赚钱,而不是追求一种事业,他们不缺乏做事业的能力与实力,但缺乏做事业的胸怀与眼光。

这群人同样有着自我发展能力的行为模式,在管理过程中同样要明白:找出应该得到发展的个人技能范畴,以及寻找对个人长处和弱点的反馈意见。

构建企业文化：基业长青的最强大引擎

诚信是构建企业文化的基础

诚信永远是最首要的一条准则。诚实意味着遵纪守法，不仅是字面上而且是精神上。但它不仅仅是指守法，它存在于我们生活和工作的核心部分。有了基于诚信的信任，我们的员工就可以制定业绩目标，并相信"没有实现目标并不意味着会受到惩罚"的承诺。

一个旅客在沙漠里行走，他遇到了一个女人，女人的样子十分孤独寂寞。旅客问她：你是谁？她回答说：我叫真实。旅客又问：你为什么离开城市到这里呢？她回答说：从前我住在城市里时，虚伪只和少数人在一起，可是现在虚伪却和所有人在一起了，所以，我才不得不到沙漠里来。

从这个故事里我们已经感受到城市里激烈的竞争使人际关系越来越复杂，人们都带着好几张面具去生活。真实反而成了最不适应生存的弱点，虚伪慢慢侵蚀了人心，这是城市的悲哀，也是人类的悲哀

对于一个企业来说，靠欺骗消费者来实现利润的扩大只能维持一时，而不能长久生存。在现实中常会上当受骗的人不会很多，顾客是最聪明的、也是最公正的。只要他觉得在你的公司里上当，他日后定会避而远之，而且他会将他上当受骗的经过告诉他所认识的所有人，其结果必是，你的生意清淡。真正懂得营销管理的人，就会把产品优缺点的真相告诉顾客，而且做到：站在消费者的立场上去考虑问题；

第五章
整合企业文化

诚信正直需要拿出勇气。

具有高度正直诚信能力的人常常勇于承认错误,并对其行为负责。他们的自我价值评判并不是建立在事事正确的基础上,因此犯错误不会令他们紧张。他们不是那么急于维护自己,也不喜欢指责其他人,或找借口开脱自己。他们更愿意冒险尝试新事物,并说出自己的真实想法,因为即使遇到不同意见甚至不受欢迎,他们总是能接受自己。

正直诚信能力低下者最明显的标志是维护自己。我们遇到过出现问题时总是将矛头指向他人的员工——从来都不会是他们的过错。例如,复印机坏了。财务部没有准时把数据交给我,你没说过我应该这么做的话语总是出现在我们的耳傍,而说这些话的人恰恰是能力低下的人,他们最明显的特征是,责任总是该由其他人承担,而自己好像已经远离了责任。

犯错和失职并不可怕,可怕的是否认和掩饰错误。勇于承担责任的领导,会让员工觉得你是一位心胸坦荡、有责任心的人。因为责任而树立起的威信更能让员工信服,从而赢得员工的尊重和支持,否认和掩饰只会一错再错,失去员工的信任。

戴尔公司的老板迈克·戴尔就是一位勇于承担责任、能主动承认错误的领导。

从2001年开始,戴尔公司就开始实行年度总评计划。每位戴尔的员工都可以向他的上级、部门经理甚至是迈克·戴尔本人提出意见,指出他们的错误所在。第一次员工总评过后,迈克·戴尔得到的评价是"过于冷淡"。对此,戴尔本人当着手下众多员工的面承认了自己的问题:"我个人太腼腆,显得有些冷淡,让人觉得不可接近,这是

构建企业文化：基业长青的最强大引擎

我的失误。在这里我对大家作出承诺，在以后的日子里，我会尽最大努力，改善与所有员工的关系。"

这件事情在后来被记者提及："戴尔先生，你不担心员工提出的问题是你根本不存在的吗？"迈克·戴尔微笑着回答："戴尔公司最重要的一条准则是责任感。我们不需要过多的借口，只要拥有高度的责任感就行，在戴尔公司你绝对不会听到各类推诿之词。"

这段戴尔本人的公开表态，在戴尔公司内部引起了巨大的反响，大家都认为："公司的老总这么勇于承担'莫须有'的责任，那么我们还有什么理由不向他学习呢？因而，'承担责任，不找借口'的风气迅速在戴尔公司内部形成，这也是戴尔公司拥有强大竞争力的原因之一。"

香港首富李嘉诚认为，部下的错误就是领导者的错误。他是一个非常宽厚的商人，也十分体谅部下的难处。多年的经商经验让他深知，经营企业并不简单，犯错是常有的事情。所以只要在工作上出现错误，李嘉诚就会带头检讨，把责任全部揽在自己身上，尽量不让部下陷于失败的阴影。他时常说："下属犯错误，领导者要承担主要责任，甚至是全部的责任，员工的错误就是公司的错误，也就是领导者的错误。"

李嘉诚的境界之高，让人佩服，他之所以能主动承担员工的错误，还需要从他小时候在舅舅家打工的那段经历说起。

当时，初到香港的李嘉诚，先到舅舅家的钟表公司工作。少年时的他就非常好强，因为他不想落在别人的后面，所以做事情总是想着如何超越他人。自从加入钟表公司，李嘉诚就非常勤奋，在别人休息时他也在学习如何修理钟表。为了尽快提高自己的技艺，他自己还认

第五章
整合企业文化

了一个师傅,只要有不懂的问题就去请教自己的师傅。师傅觉得李嘉诚非常聪明,而且还很好学,也非常愿意教他。

有一次,师傅因为派到外面去工作,李嘉诚趁师傅不在自作主张地开始自己动手修手表,但毕竟欠缺经验,不但没有修好,反而一不小心把手表给摔坏了。看到这种情况,李嘉诚知道自己闯了大祸,他不但赔不起手表,还有可能丢掉这份工作。然而当师傅知道李嘉诚把手表摔坏后,却没有骂他,只是轻描淡写地告诉他下次不要再犯类似的错误。与此同时,师傅主动向李嘉诚的舅舅解释是因为自己一时疏忽不小心把手表掉在地上,要求给予处分。师傅完全没有提到李嘉诚的事情。

这件事情使李嘉诚深有感触,本来是自己的错误却让师傅承担下来,觉得非常过意不去,于是就向师傅道谢。结果师傅告诉他:"你要记住,无论以后做什么工作,作为领导者就应该为自己的下属承担责任,部下的错就是领导者的错误,领导者就应该负起这个责任;否则,就不配当领导。"尽管当时的李嘉诚年纪很小,不能完全领会师傅的意思,但是这句话却如同烙印一样深深地印在他的脑海里——主动为部下承担过失的领导者,才是一个好领导者。

很多时候,我们也会遇到李嘉诚所遇到的问题,这个时候你会怎么做呢?是承认自己错了,还是找借口为自己开脱呢?很多人面临着问题的时候,总是习惯性地寻找各种理由为自己的懒惰、懦弱、无能和失误做出掩饰,但其实这根本就是饮鸩止渴,不能为问题的解决提供任何实质性的帮助。

作为企业领导者,能否主动勇敢承担错误的责任,关系到一个主管者的品格和威望。主动承担错误责任的领导人,让人们看到了他的

构建企业文化：基业长青的最强大引擎

高风亮节与光明磊落，让部属更敬佩，威望不仅丝毫无损，反而会大大增进。

一个优秀的管理者，是一个敢于承认错误的人，是一个勇于负责的人。相反，一个人如果遇到问题就寻找各种各样的借口的管理者，注定只能是一事无成的失败者。

作为企业中人，犯了错误就承认，不挖空心思编织花言巧语为自己开脱，而是义无反顾、积极主动地去面对自己的责任。

在企业管理过程中，要明白你能做并不代表你应该做！在企业中，能做是应该做的大敌，只会徒劳无益。每天，人们并不在乎你只是按你的想法和方式去做事，而是在关注你是否实现了：

履行自己的承诺和达成的协议。

勇于承认错误，不怕勇于承担负面后果。

具有新的决策力和应对压力的素质。

第五章
整合企业文化

解决企业存在的问题

当企业重新寻找创新途径的时候,我们就要自问:历史是不是再次重演?年复一年,那些成功的公司在选择商业战略时是否存在一些方式?

有人对过去20年来近200多个企业战略进行了研究,发现了10个基本的"创新主题",它们久经考验,其有效性也一再被证明。研究者相信,这些主题能帮助任何行业的公司制定形成持久竞争力的增长导向战略,通过创新获得长远的成功。它们与削减运营成本的措施(如TQM和六西格玛)不同,它们也不同于其他各种管理时尚,如新经济概念以及估价高就意味着盈利等等。这10个创新主题甚至可以成为高层经理人评估其战略运营的一个清单。

1. 兼并,即兼并竞争对手形成一个更大更强的公司。洛克菲勒在19世纪80年代兼并了40多家公司,创建了控制石油勘探、生产、分销和市场的寡头企业——Standard Oil Trust公司。

2. 削减中介。例如,戴尔的直销模式就是绕过了计算机零售商,而当斯帝芬金自己在网上出版小说Riding the Bullet时,他就绕过了书店和出版商。

3. 价值转移,即转向一个相关的但是利润更丰厚的行业或利基市场。比如Monopoly公司就从一家化学公司转变成为生命科学公司,最

构建企业文化：基业长青的最强大引擎

终成为了制药行业的领导者。

4. 联盟，即以联盟替代传统的垂直的整合。汽车制造商的供应商提供了汽车上所有的模块和零件，如引擎、汽车的内部饰件、车门以及车用电子设备等等，现在所谓的汽车制造商不过就是一个装配厂而已。

5. 数字化销售，即提供在线交易。像Adobe和微软等软件公司都让其客户在网上购买和下载其软件和程序。

6. 深入沟通，即鼓励感情上的交流和体验，而不仅是与顾客之间功能上的一些交流。家具零售商Restoration Hardware开发了一个利基市场，它不仅简单销售家具，它的家具还能让那些移民和漂泊者可以寄托乡愁和怀旧之情。

7. 越快越好，即尽快把信息和产品送达顾客。1884年3月24日，发明家塞缪尔·莫尔斯通过自己发明的莫尔斯码传送了第一个"即时信息"——电报。一家领先的在线银行Wells Fargo银行在1864年通过电报进行了第一笔交易。

8. 定制，即让顾客根据自己的需要设计最终的产品。大规模定制的产品已经非常多，如计算机、汽车、化妆品和衣服等等。

9. 面向主流市场，即产品不仅面向精英阶层，也应当让普通大众买得起。从1918年Kelvinator公司的第一台真正实用的家庭电冰箱投放市场开始，普通大众就逐步从每天都要采购食品的工作中解放出来。1919年Frigidaire品牌电冰箱紧随其后也投放市场，通用电气在1926年生产出最早的全密封的电冰箱压缩机。

10. 良好的售后服务。迈克尔·布隆伯格设计的系统考虑到了华尔街的特殊需要，即两个监视器，它可以让交易者不需要在PC窗口之

第五章
整合企业文化

间转换就可以看到所有的他们需要瞥一眼的信息。固化在计算机中的解析能力能够进行快速的财务计算,从而削除了数据下载和用纸和计算器进行分析的烦恼。

要判断自己的公司或所处的行业是否需要创新,并选择一个适合你的公司的主题,首先要检查公司所在的行业或公司内部的创新方法和途径,考虑一下未能被实施的战略主题,问问自己,为什么它没有被实施,是因为顾客没有兴趣,还是因为高层管理者过于谨慎?或者是因为缺乏基础设施?但这不是很容易就能做到的,它需要一种决断力,因为决断力是用来及时决策的一种能力。在其最高层次,它表现为即使在压力极大的情况下,风险很高,形势又不明朗,也能够做出决策。决断能力的最佳实例是有些管理者临危受命,接手陷入困境的公司。这些公司或亏损严重,或被债权人逼至破产边缘,或员工大量流失。一个善于应对危机的管理者能够及时介入这种迅速恶化、高度复杂且压力极大的形势,经过快速地审时度势,迅速做出缓解甚至利用危机的决策。

决断能力差的管理者常常痛失良机,决策失误,使员工因无所作为而丧失积极性。最有力的案例是IBM,1999年,为了准备与华尔街的年度会晤,IBM公司总裁郭士纳派一名助手去收集25家真正的因特网标准执行者,如雅虎、美国在线、亚马逊网上书店等公司的财政报告。1998年,这些公司创造了总计为50亿美元的收入,而成本仅为10亿美元。调查结论表明:网络25强的市场价值高50%。郭士纳说:"我不认为IBM是一家网络公司,但目前IBM正在创造越来越多的电子商务收入。我预计IBM的赢利肯定会超过这些网络公司的总和。"因为在郭士纳看来,因特网时代的标志为.COM公司,但是新经济时代的

构建企业文化：基业长青的最强大引擎

头彩应属于IBM。尽管亚马逊公司和雅虎公司占尽了网络风流，但郭士纳还是在短时间内静静地超越了他们，成为信息时代的一个主要设备供应商。

但是，决断能力绝不仅限于快速决策的能力。有时耐心等待、暂缓决策反而更合适，当形势变化迅速，缺乏足够的信息，未能够全面、准确地看清形势及各种待选方案可能产生的后果时，就应该暂缓决策，以听取更多的建议。决断能力强的人善于选择合适的时机，并当机立断。

决断能力还包括行动时机到来之时对某一群体的控制能力。群体经常会陷入无休止讨论的泥潭，致使机会、时间白白丧失。推动一个群体采取行动的人不一定是某个被指派的领导者。群体中的任何人都可以决定何时采取行动，他们可以利用沟通、说服、小组程序等手段促其发生。这一决策层次的决断能力需要勇气和很强的影响力。

人们所做的事情与使他们的工作更富有成效之间并不能划等号。想一想是什么可以改变事情的本质，是开会，发电子邮件，写纪要，重新安排人手，还是重组企业结构图，这些可能表现出取得进展的样子，可是并不给为取得更好的结果带来多大的希望，甚至不能提高达成结果的速度。结果是由人们从事的活动决定的：有意识的决定产生活动。人们决定去做什么。快或慢、对或错，这是基于人们思考的结果。

归根到底，推动当代商业经营的动力是思考。思考是价值之所在！思考，才是最根本的工作本质。

公司的每一个部门、团队、分支机构和董事会，都是通过至关重要的一条共同主线，才能紧密地编织和整合在一起。无论规模大小，

第五章
整合企业文化

无论形势是否正常，无论是战略决策还是战术决策，对于你能做什么然后决定应该做什么的思考，才是人们之间的根本不同点。人们可能通过对活动的重新安排而使得效率更高，若要取得更高的效率，则需要思维本身的改变。所以，如果思考是工作的全新的、基本的性质，那么你应该如何衡量你的工作是否成功呢？让我们先研究一下通过你的思考而做出的决定，由此你应该得出工作成效的第一个指标。

构建企业文化：基业长青的最强大引擎

必要的压力是动力

许多人相信，在残酷无情的商业社会里，求得生存的利己主义是必不可少的，吃人或者被吃，你死我活，从任何挡路的人身上踩过去。按这些理念行事的商业人士应对压力是一种利用自己和他人都能保持良好的生理状态和情感状态，并有助于实现企业目标的方式来处理情感的能力。其中包括在适当的时候克制情感，在适当的时候表达情感，并帮助他们也做到这一点，善于应对压力的人能够在不同场合对善意或约束性的举动作出适当反应，也能够恰当地利用情感的表达来进行沟通，达到目的。

应对压力并不意味着任何时候都不动声色、保持镇定，比如有些时候，愤怒是制止混乱行为的有效工具。一个不能表达愤怒情绪的人可能和一个过分频繁表达愤怒情绪的人在应对压力方面的能力一样低下。

应对压力是一个复杂的过程，但在管理中却是不能忽视的。比如1991年12月，在一次重要的诺基亚董事会后，约玛·奥利拉被任命为新的总裁。这个决定令他吃惊："我毫无准备，而且我也并不觊觎这个职位。但我还是知道自己该做些什么。"

到此，奥利拉在诺基亚的故事应该刚刚才开始。

诺基亚的员工对这个新总裁可没什么指望的。同样，在1992年，

第五章
整合企业文化

当她蜷缩在诺基亚总部,即赫尔辛基市中心南方广场的一个老房子里时,奥利拉也显得有点缺乏信心,诺基亚这样一家高技术公司的总部居然就在这样一所房子里,尤其是那部缓缓而上升并发出吱吱哑哑声音的老电梯就是它的象征。但是,奥利拉对自己信心的增长和诺基亚业绩的提高是成正比的。

1992年最后一个季度的数据已显示出效益增长。到1993年,诺基亚已经摆脱危机的阴影走向光明。随着收益曲线的上升,奥利拉的信任度也以同样的速度增长。他有了自信,更辛勤地穿梭于世界各地诺基亚的企业里。

奥利拉最让人看不懂的就是开始"变卖"家产。

这让诺基亚的"老人儿"心疼。

人们不理解约玛·奥利拉的宏伟计划。他告诉人们,把其他部门卖掉,就是为了保证移动网络和移动电话业务的持续发展。

每出售一家电信部以外的部门,诺基亚的老员工就会少一些。于是,诺基亚的队伍也就越来越年轻了。有一年,一所技术学院的一个毕业班的学生全都来到了诺基亚。

芬兰人一致认为,约玛·奥利拉坚定而快速地转向电信业的发展规划以及出售诺基亚其他部门的行为具有天才的创意。

其实,任何看到1992年诺基亚统计数据的人,只能做出电信而且只有电信才是诺基亚的未来的结论。只是因为有了奥利拉,这就变得更加可能。毕竟奥利拉是作为诺基亚移动电话部门的主管而且成功经营多年后成为公司总裁的,他血管中流动的都是电信的血。

诺基亚5个"兵种"的实力(利润)如下(1992年,100万瑞典克朗):

构建企业文化：基业长青的最强大引擎

移动电话，655；电信640；电视机制造，1176；电缆、机械，171；其他，139。

连傻子也能够看出来，电视机制造部门应该出局了，而电缆和"其他"业务也应该给电信部门让位。事实也是如此。但当一切完成之后，许多人就忘记了当初的决策是多么重要。奥利拉总是强调诺基亚的成功是集体努力的结果，是诺基亚所有48000名员工共同的成就。他曾经说："在外人看来，我的作用就是一个总推销员。"

人们愿意将约玛·奥利拉和卡里·凯拉莫对比一下。

奥利拉总是以闪电般的速度做出正确的结论并把任务布置下去。

凯拉莫也是一个高效的老板。但是他还有另一面，他喜欢浪漫的深夜。如果有一位迷人的年轻女性在身旁，他就会完全沉浸其中。

奥利拉从不会奢望以抱怨头痛并要一杯矿泉水开始一天的工作，但是凯拉莫就能，而且毫不尴尬。

凯拉莫会在从赫尔辛基飞往坦佩雷的直升机上突然要求飞行员回到家里去看看他已经几个月没有见面的父亲了，所以他决定安排一次临时的惊喜见面。

上面的事根本就不可能发生在奥利拉身上。

奥利拉最看重的就是他的组织。对奥利拉来说，公司的产品应该完好无损地出厂，所有的配件应该轻松获取，在工序中都不应该出现瓶颈。员工们必须百分之百地将注意力集中在生产上。

奥利拉最大的实力就在于对他人的理解。他做出的任命被一次次证明是成功的。他总是能为合适的人找到合适的工作。奥利拉管理哲学的基础是"不断搅动锅里的水"，没有人在同一个岗位工作太长的时间。各个阶层的员工不断地变换岗位，接受新的挑战。在人员内部

第五章
整合企业文化

流动上，诺基亚保持了世界纪录。

在走向工作岗位前，所有诺基亚的新员工都会得到一个手册。上面写着这样一句话："你为诺基亚做得越多，诺基亚也能为你做得越多。"

这是他们的总裁约玛·奥里拉写的。

从"奥里拉的非常管理"这一案例中可以看出，在应对压力时其中包含以下因素：

1. 自己情绪的能力。清楚自己是否感到高兴、悲伤、害怕、愤怒或受到伤害。很多人并不留意自己的感受。了解你的情绪和感受可以帮助你妥善处理各种情况。

2. 通过使压力得以缓解而又不损害你的人际关系、工作效率和你自身的方式表达和释放情感的能力。缓解压力有效而健康的方式有开怀大笑、哭泣、去健身房猛击模拟人体、找人倾诉你的问题和难题等类似的方法。

3. 以独特的视角和幽默感减小压力的能力。开怀大笑是缓解紧张情绪最有效、最被广泛接受的手段之一。用幽默感帮助自己和他人放松并重获宁静平和的感觉也是一种技能。

4. 以倾听和同情心使他人缓解压力的能力。带着同情心倾听他人常常足以缓解对方的情感压力。但这一技能在商界未得到充分利用。大多数管理者习惯立刻着眼于解决问题，而不是让员工尽情谈论问题然后自己解决问题。

5. 根据当时情况的需要立刻改变自己情绪的能力。在你领导一个组织度过危机时，恰如其分地表现自己情绪的能力会影响整个组织承受的压力程度。

构建企业文化：基业长青的最强大引擎

6. 找到造成某种情绪的根源的能力。我们经常会将某一场合带来的不快迁怒于另一场合。如经理对上一季度的收入数据十分不满，这时他或她就会因行政助理将一份文件错误归档而严加训斥。时刻牢记造成不快情绪的直接原因，就能以令每个人都觉得更富有成效的方式来处理其他事务。

7. 通过情感的表达来传递信息的能力。前文曾提到有的时候应该表达出喜悦、愤怒的情绪，甚至可以放声大哭。以不恰当的方式表达情绪的确会带来麻烦，但具备时刻表达情绪的能力还是大有益处的。

从上面的理念可以看出，适度的压力经常能够转变成一个人前进的动力。真正的管理也是如此，要不断搅动锅里的水，让它运动起来。释放压力的方法很多，下面几条可以借鉴：

设立比较健全的奖励制度，实行对公司付出多大就有多大收获的政策，没得奖励者应向员工公布名单。

必要时，对不努力工作的员工给予危机感。

对员工的工作要适时检查，若发现错误要及时改正，并应提出批评。

第六章
增强对企业文化的认识

> 企业文化就是企业的一种价值观，海尔的企业文化就是要营造一种氛围，一种把个人奋斗同企业发展结合起来的氛围，使你在实现个人价值观时，也可以体现出主动性、影响力、团队精神、创新精神和战略思维的能力。

构建企业文化:基业长青的最强大引擎

企业文化是企业最为重要的财富

　　企业需要一种文化，一种能反映企业价值观、企业发展观、企业精神、企业道德的文化。它能帮助员工提高审美认识、辨明是非能力，树立正确的人生观、价值观。

　　企业领导者要寻找的、要提炼的就是这种能同化员工理想与追求的精神境界，成就让员工魂牵梦绕的企业军魂，心若在，梦就在！它会让我们的员工更团结，会让我们的企业更有活力。一个企业是一支军队，一支军队重要的是什么呢？那就是一支军队的魂魄。在《士兵突击》中，"钢七连"为什么能强大？因为这支部队中有一个魂魄：不抛弃，不放弃。只有拥有魂魄的企业才能所向匹敌，战无不胜。

　　被誉为20世纪最成功的企业家韦尔奇曾说："如果你想让列车再快10公里，只需要加大油门；而若想使车速增加一倍，你就必须要更换铁轨了。只有文化上的改变，才能维持高生产力的发展。健康向上的企业文化是一个企业战无不胜的动力之源。"海尔首席执行官张瑞敏说过："企业文化是海尔的核心竞争力。"

　　宝洁创立于1837年。这家公司长寿的秘诀有很多，但注重企业文化建设，通过企业文化建设来塑造企业魂魄是最为重要的一条。宝洁自成立到现在的大部分时间里，一直运用灌输信仰、严密契合和精英主义等方法努力保存公司的核心理念。宝洁前董事长艾德·哈尼斯

构建企业文化：基业长青的最强大引擎

的解释是："虽然我们最大的资产是我们的员工，但指引我们方向的却是原则及理念的一致性。"这个原则及理念就是著名的"宝洁之道"。

"宝洁之道"由三方面组成，其中最为重要的是强调内部高度统一的价值观。为了保证价值观的统一，宝洁甚至做到了中高层只从内部选拔，从CEO到一般管理人员，宝洁基本上没有空降兵。宝洁有些长期实施的做法，例如，仔细筛选有潜力的新进人员，雇用年轻人做基层工作，严格塑造他们遵行宝洁的思想和行为方式，清除不适合的人，中级和高层的职位只限于由忠心不二、在公司内部成长的宝洁人担任。

《美国最适合就业的100家大公司》一书写道："加入宝洁的竞争很激烈……新人员进去后，可能会觉得自己加入了一个机构，而不是进入了一家公司……从来没有人带着在其他公司的经验，以中高层的职位进入宝洁——从来没有，这是一家彻底实施循序升级的公司……他们有一套宝洁独有的做事方式，如果你不精通这种方式，或者至少觉得不舒服，你在这里就不会快乐，更别提想成功了。"

宝洁CEO约翰·斯梅尔1986年在一次公司的聚会上也说过类似的话："全世界的宝洁人拥有共同的锁链，虽然有文化和个性的差异，可是我们却说同样的语言。我和宝洁人会面时，不论他们是波士顿的销售人员、象牙谷技术中心的产品开发人员，还是罗马的管理委员会成员，我都觉得是和同一种人说话，是我认识、我信任的宝洁人。"

实际上，用企业文化来指导工作是一门深邃的管理艺术，同时也是团队塑造未来的一种战略方法，成功的企业文化确实具有唤起成员行动的力量。

第六章
增强对企业文化的认识

美国惠普公司是当今世界上最受尊敬的企业之一。惠普不但以其卓越的业绩引起广泛关注,更以其对人的重视、尊重与信任的企业精神闻名于世。作为大公司,惠普对员工有着极强的凝聚力。到惠普的任何机构,都能使人感觉到惠普员工对他们的工作是何等满足,他们是在一种友善、随和而很少压力的氛围中工作。

惠普公司《目标》的引言里说:"惠普不应采用严密的军事组织方式,而应赋予全体员工以充分的自由,使每个人按其本人认为最有利于完成本职工作的方式,使之为公司的目标做出各自的贡献。"惠普公司的成功,靠的正是"对员工的重视"。惠普创建人比尔·休利特说:"惠普的这些政策和措施都是来自于一种信念,就是相信惠普员工能把工作干好,有所创造。只要给他们提供适当的环境,他们就能做得更好。"这就是惠普之道。

美国管理学家彼得·杜拉克说,企业管理不仅是一门科学,还是一种文化,它是有自己的价值观、信仰、工具和语言的一种文化。从企业文化中提炼出来的企业精神决定着企业的成败。世界大多数成功的企业,不是物质技术设备优越,更重要的是企业精神的成功,这些企业精神总是知道公司全体员工一直采用最正确的方法行事。企业精神才是第一竞争力,谁拥有正确的、不断创新的理念,谁就具有最强的竞争力。

企业文化指引员工的行为与态度,要想让你的企业具有旺盛的生命力,就必须赋予企业健康的文化。

构建企业文化：基业长青的最强大引擎

文化建设为企业凝聚人心

企业文化就是在回答一个问题：你的企业凭什么凝聚人心？这是企业管理的思想底线。大道无形，企业文化是个看不见、摸不着的东西，但却回答了"工作到底是为了什么"。因此，企业文化的好坏直接关系到员工的忠诚度，管理者必须明确一点，你有几流的企业文化，你就有几流的追随者；你有几流的追随者，你就有几流的企业。

现在企业最高层次的竞争已经不再是人、财、物的竞争，而是文化的竞争，最先进的管理思想是用企业文化进行管理。何为企业文化？它是一种以人为根本，以制度为导向的管理思想与管理哲学的融合，是企业里看不见的软件系统，却是企业的最核心的竞争力。

因此，企业管理者越来越注重企业文化的建设和价值观的塑造，最明智的企业领导者一定是具备将企业文化融于员工血液中的能力的人。只有建设有一流的企业文化，企业才能引来和留住一流的人才。

上海宝名国际集团是一家房产销售企业，300多员工大多数是年轻人。很多企业把开展琴棋书画等文体活动作为企业文化的主旋律来唱，但宝名集团却注重企业文化对员工情感的关怀，用总裁吴冠昌的话说，企业要用待遇留人，但更要用情感来留人。

每到周末午后，公司工会都要以下午茶的形式开展工会活动，上至集团总裁、企业领导者，下至普通员工，在这里都是平等的工会会

第六章
增强对企业文化的认识

员,大家在轻松愉快的喝茶中交流。员工无论是工作上的建议,还是生活中的问题都可以谈,经营者则把企业的规划、设想以探讨的形式与职工交流。不少问题,诸如良好的销售建议、职工上下班的班车问题,都是通过午后茶的形式解决的。

在宝名,管理层有一个明确的观点,一个企业要想成为和谐企业,就必须有决策层与管理层的沟通,有管理层与员工的沟通,有决策层与员工的沟通,只有这样,企业上下才能相互了解、相互理解。为此,宝名集团每季度都召开一次管理层与员工沟通会,大到公司投资计划、福利分配、中层人员聘评,都在沟通会上得到交流。

公司领导还倡导用人、容人、培养人,绝不允许随意裁人。凡是员工不能胜任企业安排的工作岗位的,可以转岗,转岗之前工会要听取员工想法。尽管今天的职场跳槽成风,但宝名集团几乎未曾流失过任何一名核心人才。因为有这些优秀人才的持续追随,促使宝名集团的发展蒸蒸日上。

一流的企业文化吸引一流人才。因此,作为企业的最高管理者和决策者,企业领导者必须成为企业文化的建筑师和第一推动者。

企业文化首先是企业家本人思想的浓缩。先将自己塑造成企业文化的楷模是企业文化建设中最关键的一点。

IBM拥有40多万员工,年营业额超过500亿美元,几乎在全球各国都有分公司,所取得的成就令人惊叹。许多人会问,是什么让这个庞大的企业取得如此大的成就?其答案是,IBM具备一套人性化的企业文化。

老托马斯·沃森在1914年创办IBM公司时设立过"行为准则"。正如每一位有野心的企业家一样,他希望他的公司一要财源滚滚,二

构建企业文化：基业长青的最强大引擎

要反映出他的个人价值观。因此，他把这些标准和准则写出来，作为公司的基石，任何为他工作的人，都明白公司要求的是什么。

老沃森的信条在其儿子时代更加发扬光大，小托马斯·沃森在1956年任IBM公司的总裁，老沃森所规定的"行为准则"，由总裁至收发室，没有一个人不知晓，如：必须尊重个人，必须尽可能给予顾客最好的服务，必须追求优异的工作表现。

这些准则一直牢记在公司每位人员的心中，任何一个行动及政策都直接受到这三条准则的影响。全体员工都知道，不仅是公司的成功，即使是个人的成功，也一样都是取决于员工对以"沃森原则"为基础的企业文化的遵循。而IBM的企业文化不仅让员工忠诚追随，更是吸引着许多非常优秀的人才，而IBM也因此取得越来越伟大的成就。

一些企业领导者总感觉企业文化是为了激励和约束员工，其实恰好相反，恰恰是那些企业文化的塑造者最应该成为被激励和约束的对象，因为你的一言一行都对企业文化的形成起着至关重要的作用。也就是"其身不正随令不从"。

一旦建立被员工认可的强大的企业文化，企业在任何一方面都将受益无穷。企业要想吸引优秀的人才，应先从文化建设入手；要想建设一流的文化，企业领导者应先从自身做起。

企业领导者不仅是文化建设的推动者，更是文化建设的宣传员。只有自己理解到位、推动到位、宣传到位，文化建设才能落实到位，企业才能处处彰显文化的内涵和力量。

第六章
增强对企业文化的认识

企业文化的指路明灯是愿景

斯巴达克斯领导一群奴隶起义，战败被俘虏。对方说："你们曾经是奴隶，将来还是奴隶。只要你们把斯巴达克斯交给我，就不会死。"在一段长时间的沉默之后，斯巴达克斯站起来说："我是斯巴达克斯。"之后他旁边的人站起来说："不，我是。"一分钟之内，被俘虏军队的几千人都站了起来。每一个站起来的人都选择受死。这个部队所忠于的并非斯巴达克斯，而是由他所激发的"共同愿景"，即有朝一日可以成为自由之身。这个愿景如此让人难以抗拒，以至于没有人愿意放弃它。

德鲁克认为企业要思考三个问题：第一个问题，我们的企业是什么？第二个问题，我们的企业将是什么？第三个问题，我们的企业应该是什么？这正是企业战略与企业文化建立必须遵循的三个原点，而这三个问题集中起来正体现了一个企业的愿景。

如果没有愿景，组织就失去了未来的发展方向。愿景作为一种未来的景象，产生于领导者思维的前瞻性。如果领导者希望其他人能加入到自己的旅途中，他必须知道要往何处去。有前瞻性并不意味着要先知先觉，而是要脚踏实地地确定一个企业的前进目标。愿景能激励大家一步步迈向未来。

愿景能够帮助企业得到员工真正的忠诚。一个卓越的领导者必

构建企业文化：基业长青的最强大引擎

须首先明确自己对未来愿景的认识，然后才能争取下属接受共同的愿景。一个人做某事的动机分为外在和内在两种，外在的动机不可能让人把工作本身当做一种使命和事业，只有内在动机产生的动力才能成就超常的结果，而一个组织的内在动力就是来自于组织的共同愿景。

餐馆连锁店运营商IHOP曾因为其烤薄饼而深受消费者青睐。到了20世纪90年代，IHOP的经营似乎已经不受控制，与其说它是个餐馆运营商，不如说它是一家房地产开发企业，因为它开发了很多新的店铺出售，自己只经营其中的10%。当斯图尔特于2001年12月成为该公司的CEO时，她发现公司已经出现了分化，更为严重的是组织非常涣散。曾经强大的IHOP品牌已经失去了自己的意义，特许经销商也将每家餐厅作为独立的企业进行经营，所以各家餐厅的特点、服务、效率和质量也不相同。由于公司获利甚少，最大的股东甚至希望将钱收回，还给投资者。

对于未来，斯图尔特决定不仅要恢复IHOP作为全国性品牌的荣耀，还提出了一个企业共同愿景：将IHOP发展成最棒的家庭式连锁餐厅。

斯图尔特明白自己的任务是建立一个统一的品牌。公司管理层负责制定标准，并督促其执行。最为重要的是，公司内的每个人都需要获得工具支持，以提供最佳的顾客体验。

斯图尔特如何传递她的愿景呢？第一年，她将大部分的时间用于倾听员工和特许加盟商的声音，同时进行了更广泛的顾客调查。最为关键的是，她实施了一个培训项目，其焦点集中在IHOP的品牌优势和每位员工在实现该愿景中担当的角色上。她的努力得到了回报。公司不仅实现了自己的服务宗旨，即"来时饥肠辘辘，走时开开心心"，

第六章
增强对企业文化的认识

且到2003年末,销售额提升了近5%,这是公司过去10年来的最好业绩。

斯图尔特对成功的过程进行了完美的诠释,即通过分享愿景,集中企业的关注焦点,打造发展战略。这是最为关键的要素。

企业领导者必须明确,一个企业的愿景必须是共同的,是员工普遍接受和认同的。如果没有共同的愿景,企业就不可能基业常青。共同愿景就如企业的灵魂,唤起每一个人的希望,令人欢欣鼓舞,使每一个人都能激发出一种力量,为实现愿景而更加努力。

一个没有共同愿景的企业很难强大,即使强大了也难以持久,而一个真正有共同愿景的企业会更容易获得成功。

有共同的愿景,整个公司就会具有极强的行动动力。共同愿景会对企业的发展产生重大影响。

构建企业文化：基业长青的最强大引擎

拥有一流文化的企业才能所向无敌

企业文化来源于企业领导者或企业领导层的世界观和方法论，企业文化的最初来源是企业领导者提炼出来的企业精神。企业文化的具体执行过程也就是把企业领导者所确立的企业精神、价值理念"灌输"到员工头脑的过程。

优秀的企业文化一旦产生，便会世代相传。特别是企业创始人的价值观、创业精神，会很大地影响企业文化。

企业文化是一种物质和精神因素的综合体，企业文化不仅影响着企业整体与员工个体行为的方向，而且影响着他们的行为方式。只有当企业文化渗透到员工内心，员工才能真正明白企业追求的价值标准，形成企业内部的伦理和一种企业内部大多数员工所共识的观念。企业文化的执行才是有效的执行。

1995年LG电子(惠州)有限公司成立之初，各部门内部工作流程及相互协作均无现成的模式，在生产及经营过程中产生了大量问题。公司各部门仅按自己的业务范围制定规章制度，各辅助部门对生产支援工作缺乏积极主动的意识，员工对经营理念、生产及品质的管理都缺乏完整的概念。

针对这种情况，公司开展了"生产早期安定化"SUPERA活动。这一活动为实现公司管理水平、生产效率、产品品质的提高做出了突

第六章
增强对企业文化的认识

出的贡献。此后,又以品质改善为主题,开展了"96我的提案"活动以及以诊治当时生产过程中存在的各种影响品质的问题为目标的全方位的质量改进行动。公司也开始起用新口号——"品质靠你、靠我、靠大家"。经过一年多的品质革新活动,公司产品品质有了很大的提高,在同年12月韩国LG电子总部的SUPERA'97TEAM决赛中获银奖。

强调企业文化建设,推动企业提高竞争力就成为企业的必然选择。企业文化对企业竞争力有着极大的促进作用。通过企业文化建设,价值观得到团队成员的广泛认同,在这种价值观指导下的企业实践取得成功,使企业的主要成员产生使命感,使员工对企业及企业的领导人、企业象征产生强烈的认同感。这是企业文化成为企业发展内在动力的基础。

在众多著名企业的成功过程中,公司内部强有力的企业文化无一不对企业竞争力的增强起到了决定性的作用。比如深圳华为,这家成功的通讯设备制造商以其特有的远见卓识从诞生的那一天起就认识到"资源是会枯竭的,唯有文化生生不息",并时刻注意精心培育华为的企业文化,自觉地将这种独具特色的文化注入企业的经营管理活动之中,从而产生了巨大的文化管理效能。

微软公司的企业文化就是营造家环境,让员工把公司当成自己的家。管理者想尽办法让员工在工作中有家的感觉。

方法一:每位员工都有一间单独的办公室,里面可以听音乐、调整灯光,做自己的工作,可以在墙壁上随意贴自己喜欢的海报,或在桌上摆置自己喜欢的东西,让这间办公室更像自己的一个家。

方法二:在微软不需穿制服,员工可以任意穿他们自认为最舒适

构建企业文化：基业长青的最强大引擎

的服装上班，短裤或汗衫都可以。公司对员工是以其工作表现好坏而非穿着好坏作评估的。

方法三：公司提供无限的免费饮料，包括汽水、咖啡、果汁、牛奶和矿泉水，让员工口渴就可以喝，使其能够专心地工作。

方法四：公司的材料室公开，公司信任员工去拿他们所需的材料，包括文具、办公用品等，不必填表格或排队等待。

方法五：微软没有设定工作时间表，而是让员工自己选择工作时间。结果，大多数人为了完成工作，都比一般按常规上下班的人工作的时间更长。微软要求的是完成工作，而非工作时间长短。

可见，不仅仅是心理上的关怀，微软的企业文化就是让员工感觉自由自在、被尊重和信任。可见，不管是"软件"环境还是"硬件"环境，只要让员工感受到家的温暖关爱或温馨舒适，都会让员工更加专注于工作，进而提高效率。

21世纪是个快速变化的时代。企业环境包括企业的技术环境、人力资源环境、金融环境、投资环境、市场需求环境等，这是企业发展所依存的客观环境，直接影响着企业的短期效益和生存，力度较大。此外，还有政策、法制、社会评价、公平竞争、社会信誉等主要由人为因素控制的社会发展软环境，对企业文化发展的影响看起来较为隐含较为间接，然而实际上对企业长期的经营业绩和企业的竞争力有着潜在而深刻的影响。

这些环境因素在21世纪会呈现出更加复杂的联系和难以想象的变化，企业要立于不败之地，就要在其发展战略、经营策略和管理模式方面及时作出相应的调整，企业文化的内涵要反映出环境的复杂性和紧迫性所带来的挑战和压力，对企业内部要保持较高的整合度，对外

第六章
增强对企业文化的认识

要有较强的适应性,通过对企业主导价值观和经营理念的改革推动企业发展战略、经营策略的转变,使企业文化成为蕴藏和不断孕育企业创新与企业发展的源泉,从而形成企业文化竞争力。

在当前市场经济条件下,建设一流的企业文化,规范员工行为和经营管理行为,从而引领企业的发展,是许多企业领导者保持企业持续健康发展的法宝。

构建企业文化：基业长青的最强大引擎

诚信是最简单的持续竞争优势

在很早以前，有一座古寺，住持云寂知道自己在世日子不多，就将两袋谷种交给两个弟子一寂和二寂，他们去播种，告诉他们收成后带着谷子来见他，谁的多谁就可以继承住持的位置。谷熟时，一寂挑了一担沉沉的谷子来见师父，而二寂却两手空空。他惭愧道，他没有管好田，谷种没发芽。云寂便把衣钵传给了二寂，指定他为未来的住持。一寂不服。云寂师父说："我给你们的谷种都是煮过的。"

子曰："人而无信，不知其可也。大车无，小车无，其何以行之哉？"没有诚信人注定不能立足，车注定不能远行。

在市场经济大环境下，诚信显得更加重要，因为这是一个企业的生存之本，是创造基业常青、建立百年老店的基础。诚信也是生产力，是企业的无形资产，它可以使企业降低交易成本、摆脱诉讼、提高效率、提高竞争力。"诚则立，信则久"——诚信是企业支撑品牌的基石，基石永存，则品牌之树常青。把诚信放在什么位置上，就决定着一个企业的经营高度，决定着它能否长盛不衰、永久经营。

李嘉诚在塑胶厂濒临倒闭的那些日子里，母亲用佛家故事来开导他。他悟出母亲话中的玄机——诚实是为人处世之本，是战胜困难的不二法门。

第二天，他回到厂里，召集员工开会，坦诚地承认自己经营上的

第六章
增强对企业文化的认识

错误,不仅拖垮了工厂,损害了工厂的信誉,还连累了员工。李嘉诚说了一番渡过难关、谋求发展的话,员工的不安情绪基本稳定,士气不再那么低落。紧接着他又逐一拜访了银行、原料商、客户,向他们认错道歉,并保证在放宽的期限内一定偿还欠款,对该赔偿的罚款,一定如数付账。他丝毫不隐瞒工厂面临的空前危机——随时都有倒闭的可能,恳切地向对方请教走出危机的对策。

李嘉诚的诚恳态度,得到他们中大多数人的谅解。银行放宽偿还贷款的期限,但在未偿还贷款前,不再发放新贷款。原料商同样放宽付货款的期限,但长江厂需要再进原料,必须先付70%的货款。客户态度不一,但大部分还是做了不同程度的让步。李嘉诚的"负荆拜访"达到初步目的。但是银行、原料商和客户只给了他十分有限的回旋余地,事态仍然很严峻。

李嘉诚抽调员工,将积压产品归为两类:一类是有机会作为正品推销出去的,另一类是款式过时或质量粗劣的。正品卖出一部分后,他又以低廉的价格将积压品卖给专营旧货次品的批发商,在制品的质检卡片上,一律盖上"次品"的标记。在危机中,原来的一些亲戚朋友,有的对他敬而远之,生怕他开口借钱或带来麻烦。通过李嘉诚的坦诚相告和积极应对的措施,人们开始主动为他分担忧愁,安慰激励,献计献策,提供力所能及的帮助。

李嘉诚认为,事业上的"信"与对他人的"诚"是分不开的,一个公司一旦建立了良好的信誉,成功和利润便会不请自来。

作为企业的一种无形资产,"诚信"是企业最简单的持续竞争优势,会牢牢地储蓄在广大客户和消费者的心目中,成为企业经营过程中取之不尽、用之不完的最有效资本。

构建企业文化：基业长青的最强大引擎

现今，经济逐渐迈向全球一体化，一个不讲信用的行业或企业已经没有资格参与竞争。没有资格竞争，必然错过和浪费无数商机，所以现代的企业、企业家要树立良好的诚信观才是在竞争中取得成功之道。

第六章
增强对企业文化的认识

文化建设也需要时常更新

企业文化是发展和变化的,就是指随着生产力及企业自身的发展,企业文化也必然会发展和变化。从现实状况来看,在全世界的所有企业中,没有任何一个企业的企业文化是永恒不变的。企业文化也要与时俱进。

国内的许多企业很重视文化建设,有的企业专门聘请了咨询公司给自己设计企业文化。有的老总认为:"我有企业文化了,还不错,和先进企业的企业文化很接近,可以高枕无忧了。"这种错误认识的根源在于他们认为企业文化建设是一劳永逸的事,没有认识到企业文化是发展变化的。

在正泰集团,南存辉在实际工作中,根据形势发展的要求和企业自身需要,不断提升企业理念,促进企业持续、健康、快速发展。1994年2月,"正泰集团"成立后,他们因势利导,适时提出了"振兴民族工业,争创世界名牌"的企业理念。1998年后,随着企业进一步扩大,他们在企业内部全面开展爱国主义、集体主义、社会主义和世界观、人生观、价值观等教育。随着经济全球化进程加快,正泰又将企业理念提升为"争创世界名牌,实现产业报国",并提出了"和谐、科学、求实、创新"的企业精神,把个人的发展与社会的共同发展紧密联系在一起。

构建企业文化：基业长青的最强大引擎

如果企业文化处于永恒不变的状态，那么企业文化就会对企业的发展不仅没有积极性，反而还会成为企业发展的桎梏。比如说，一个企业的企业文化是100年以前形成的，形成这后就不变了，这显然是不行的，因为100年前是什么时代?而现在又是什么时代?时代的剧变决定了企业文化不可能是一成不变的，所以不能把企业文化看成为永恒不变的东西。正因为如此，我们应该随着企业的发展及企业文化的变化，不断地调整企业文化的内容。

韦尔奇对GE改造的第一步就是对GE的理念进行了改革。在20世纪80年代末，企业管理者谈论的话题是"整合性多样化"，它的原则是GE的事业在以团队的方式密切合作的同时，也能保持经营的自主性。但韦尔奇认为，GE人应该是"不分彼此"，在和供应者及顾客建立更密切的合作关系的同时，更应该打破层级、地域和功能等内部障碍。

GE人讲究速度、简洁和自信，韦尔奇认为自信可以使复杂问题简单化。而简单的程序，是使GE在市场上赢得胜利所需速度的先决条件。在颁发年终奖时，在工作中充分发挥速度、简洁和自信的员工就会得到实际的金钱报酬。韦尔奇通过奖金来表达对他们工作行为和工作风格的肯定。

韦尔奇认为真正的沟通是一种态度、一种环境。韦尔奇希望他的员工能够确实认识公司的目标。他要员工不仅了解GE的目标，还要他们真诚信仰公司的目标。韦尔奇经常谈到赢得部属的"心和脑"。要赢得部属的"心和脑"就要正确处理情感的问题，在处理与人有关的事物时则需要将心比心。

经过韦奇一番大刀阔斧的改革后，到1984年，老GE已经不复存在了，韦尔奇已将老GE脱胎换骨。1985年，GE经过了企业的重组，提出

第六章
增强对企业文化的认识

了适应市场环境变化的企业文化,提出了适应环境的新的价值竞争观念:

(1)市场领导:数一数二的原则。

(2)远高于一般水平的投资实际报酬率:韦尔奇不愿意制定不具弹性的数据目标,他在20世纪80年代中期首次打破这个原则,要求股东权益的报酬率必须达到18%至19%。

(3)明显竞争优势:避免激烈竞争的最佳方式就是提供无人可及的价值。

(4)GE特定优势的杠杆作用:GE需要大量的资本投资、维系力量和管理专业知识,GE在大规模、复杂的事业领域已有深厚的基础,譬如喷气发动机、高风险贷款等。而在中小型企业占优势的快速变化的产业中发展,对GE反而不利。

韦尔奇是GE企业文化的重新塑造者,新的文化造就了新的GE,也成就了韦尔奇。从韦尔奇对通用文化的变革主导上,可以看出企业文化建设与时俱进的重要性。

作为新创企业的掌舵人,企业领导者要怀有企业文化主动变革之心,不要让过时的文化来束缚企业的发展。

在继承的基础上确立新的价值观。创新价值观并非能在短期内奏效,需要经过一个既有价值观解冻、创新、深化的过程。要配合战略变革过程逐步推进,可以分三个阶段来运行。

首先是解冻阶段。组织专门人员对原有价值观的分析,按战略变革的思路,确定需要变革的因素,在审核评估的基础上扬弃既有的价值观体系。

第二是创新阶段,战略变革需要有新的价值体系来支撑它,不然

构建企业文化：基业长青的最强大引擎

就会像空中楼阁一样，失去了牢固的地基。如果战略变革是告诉人们怎么改变的方法，那价值体系的创新则是告诉人们为什么要改变的理由，因此创新就要员工共同探讨企业以后应该如何生存下去的方式。

第三个阶段是深化阶段，要让新的价值观在组织成员中传播并逐渐接受。

企业文化的建设如果能够做到应需而变，则能适应商业环境的变化，并促使企业在新的商业环境中获得成功。相反，如果一成不变，不断变化的商业环境将会使显得过时的企业文化变得毫无价值。

第七章

企业文化中的生态密码

　　概念就是生产力的年代，从来都不缺概念。浮躁的互联社会与资本市场的交集，使我们更要找到属于自己的企业生态位。企业生态位是联系企业自身生存发展与企业生存环境的纽带，是体现企业竞争力的标志。企业要立足自身的实力和优势，分析环境的特点以及企业与环境的协调关系，利用企业的能动性，构建适合自身的生态位。

构建企业文化：基业长青的最强大引擎

第七章
企业文化中的生态密码

企业互联网商业进化法则

最近很多上市公司老总过来找我助其梳理战略，几乎人人必谈"生态"。乍一看，多业务齐头并进，很有"生态"的感觉；深究起来，又多是貌合神离，给多元化扣了一顶新帽子而已。

因为过去一年里给两家上市公司做了产业生态战略咨询项目，应该算是有点发言权，接下来就谈谈我对产业互联网时代"生态"的一家之言。

俄国生物学家Gause在1934年对双核草履虫和大草履虫进行过一次试验：当两种草履虫单独培养时，都呈现出增长；当把两种草履虫放在一起时，在1至2天内它们也都增长态势，但在16天后却只有双核草履虫生存，而大草履虫则完全消亡。直接原因是双核草履虫的繁殖速度快，而大草履虫的繁殖速度慢。根据试验结果得出如下结论："生态学上接近的两个物种是不能生活在同一地区的，如果生活在同一地区，往往在栖息地、食性或活动时间等方面要有所分离。"也就是说，生物群落中两种生物是不可能占有完全相同的生态位，这就是所谓的竞争排斥原理。

什么叫生态？百科一下，生态指的就是生物的生存状态以及相互之间的关系。放在商业语境，一个企业就是一个生态，一个产业也是一个生态，国民经济也是一个大生态。我们今天谈到的"生态"，更

构建企业文化：基业长青的最强大引擎

多指向的是企业生态，企业的生存状态以及企业内要素之间的关系。

抛开"概念生产力"视角，"生态"大火的背后其实是互联网对传统产业的影响到了深水区所致。

互联网1.0，重构信息流为主的行业，媒体、广告、零售等业态最先被改造；

互联网2.0，重构供应链较短的服务业，出行、租房、生活服务等领域纷纷上演O2O革命；

互联网3.0，重构供应链较长的制造业，物联网、互联工厂等技术正在重塑传统制造业。

当下，所谓的产业互联网，就是互联网从营销端渗透到生产端，企业价值链的研发、设计、采购、生产、营销等各环节都要放到网络化平台上去匹配供需，最大化地打破信息不对称，提高效率，满足用户体验。

这意味着原来的线性产业价值链会逐渐演化成网状产业生态圈，进化为一个以用户为中心实时互联高效协同的产业生态网络。

每一个物种在某个生态因子的轴上，都有一个能够生存的范围，范围的两端是该物种生存的耐受极限。能够生存范围的跨度称为生态幅，又称生态位。一个物种在某个生态因素梯度上的生态幅实际就是该物种在该生态因素的生态位，对多生态因素则称为生态空间，对自然生命有特定的形态和功能，生态位表示它们可以生存的区域，生存两端点的邻近区域为胁迫区，即威胁着该物种的生存。自然物种的生态位实际上是物种能获得和利用生态资源空间，生态位越宽，则物种的适应性越强，可利用资源越多，物种的竞争力越强。

只有生态位重叠的生命系统才产生争夺生态位的竞争，竞争是争夺最适宜的生态区。同样，在一个特定的时期，一个企业的内外生态环境使企业只能处于特定的生态位才能获得生存与发展。企业生态位是企业在整个生态资源空间中所能获得利用的资源空间的部分。企业竞争实质上是争夺稀有的生态资源的竞争。企业的生态位是由自然环境和社会环境组成的"生态环境"决定的。在市场竞争中，企业只要有可能，就得避开竞争对手的制约，避免双方无谓的争夺，这对任何一方都是有利的。企业生态位会发生怎样的重叠，为简化研究过程，这里只分析两个企业生态位重叠的形态。

一般来说，企业在其生命过程中没有特定的形态，它可以经营任何行业和产品，然而在特定的时期企业有一定的形态，具有特定的生态位，企业的竞争是对稀有资源的争夺，企业生态位是企业在整个生态资源空间中所能获得的并利用的资源空间部分，企业生态的竞争是企业间争夺优质的资源空间和扩大可获得资源空间的幅度。自然生态系统的生态位是连续的，而企业生态位由于企业经营的多样性可以是不连续的。

企业生态位主要研究在特定时期内企业所在的生态位，汲取最优资源的利用对策，以获得最大限度的发展，即获得最优最宽的生态位。对于一维情况，企业所获得的企业生态位的可发展速度是资源利用曲线的面积。

自然生物的生成竞争在于找对自身的生存空间，而企业竞争不仅要找对自身的生存空间，并且要扩大自身生存空间，所以，企业竞争具有侵略性。

企业生态系统是一个多因素的系统，而对企业发展起主要作用的是：人力资源、产品(也相应是顾客)、资金、技术以及信息，它们构成

构建企业文化：基业长青的最强大引擎

企业生态系统的核心资源空间，并对应构成：人力资源生态位、产品（相对应是顾客）生态位、资本生态位、科技生态位以及信息生态位。

构成一：人力资源生态位

企业的一切活动均要依靠人来进行，人是企业之本。当今企业的竞争，得人才善用者胜。人才、劳动者不是孤立的单个人，他们是社会中的人，是社会人才资源生态中的成员。一个企业吸收和使用人才不能从单个孤立的人和企业自身要求来把握，要从社会人力资源生态来把握。社会人力资源生态不仅是指人力资源市场中人力资源质量、数量的供求关系，更重要的是指劳动者的偏好、社会对劳动者的保护要求、竞争对手对劳动者的吸引能力等。在每一个特定的时期，企业在人力资源生态因素中只能占一定的生态位，这取决于企业在特定时期内所需要的人才和具有的吸引和留住人才的条件。企业人才是在企业中能充分发挥作用，能为企业创造效益的有用之才，一个企业在一个特定的时期内需要的仅仅是某一方面的人才，并且只有在某一方面的人才才能在该企业发挥作用，人才并不是学历越高、能力越强越好。所谓小庙容不下大神，大才不能大用必误其事，这就是所谓的人力资源的合理配置。企业需要人才是企业单方面的要求，是否能吸引和留住人才则要看企业是否具备条件。现在有些企业家认为不缺人才，只要出钱什么人才都可以雇到，这是非常错误的。人是"复杂人"，他有各种需求和偏好，工资对劳动者只是保障因素，而不是激励因素。所谓保障因素是指，这些因素不具备时会引起员工不满，然而具备这些因素并不能使员工受到巨大的激励。所谓知才善用，得人才者得天下。知才，不仅要知道谁是人才、有什么才干，更重要的是要知道他需要什么，满足他的什么要求才能为我所用，这才是真正的

第七章
企业文化中的生态密码

知才。真正知才才能善用。诸葛亮为什么对刘备忠心耿耿，是为了报答刘备三顾茅庐的知遇之恩。

员工心目中认为的"好公司"标准：

一是发展好，有盈利。

二是人性化的管理。

当今人类进入知识社会，企业的竞争关键在于争夺人才和发挥人才的积极作用，在人才供求关系上由人才间的竞争转向企业间竞争人才。企业如何营造一个吸引人才、留住人才的良好环境，不断提高争夺人才的竞争力，争夺人力资源提高生态位，是企业发展的关键。

构成二：产品生态位

产品（服务）生态位是产品（服务）适应消费者的范围。产品（服务）生态涉及市场中产品与消费者两个部分，不能离开消费者来研究产品，也不能离开产品来研究消费者，亦不能离开其他产品去单独研究某种产品，所以产品生态也就是市场消费生态。企业对产品生态位的研究应包括：现有产品适应消费者的范围和新开发产品适应消费者的范围两个方面。前者是研究最优生产与销售对策，后者是研究最优开发对策。一个企业发展既需要研究前者又需要研究后者，也就是既要研究今天，更要研究明天和后天。

对于消费者来说，产品的价值是产品对消费者所产生的主观价值，所以产品生态位实际上可以认为是消费者效用与效用价值生态位。

康柏公司曾经是计算机质量最好的生产公司，以其产品的高技术、高质量著称。该公司为确保产品质量的稳定可靠，主要元器件都是自产的，整机出厂前进行24小时连续运转测试，装箱后从三层楼上

构建企业文化：基业长青的最强大引擎

摔下来不出问题，一开箱就可使用。20世纪80年代，购买计算机的主要是企业的工程科技、管理人员以及科研机构的科学家。康柏"高科技高质量高价格高服务"经营方针取得了极大的成功，公司成立8年后，销售额已达到35亿美元，创造了企业成长速度的世界记录。但是，从80年代末开始，计算机行业发生了根本性的变化，计算机软硬件的技术标准趋向统一，计算机整机和元气件的价格开始大幅度下跌。计算机价格的下降使市场范围不断扩大，行业价值链的战略环节从科研开发转向生产制造和销售。以戴尔计算机为代表的大量的计算机组装厂商迅速涌现，这种组装产品在技术上并不是最先进的，但功能对于大多数用户来说已足够了。于是康柏公司的经营方式渐渐出现了问题，1991年第一季度该公司历史上第一次出现了亏损。康柏公司这一时期的失败是由于以总裁凯宁(RodCanion)为首的技术专家，不了解新形势下消费者的效用要求和效用的主观价值，过分强调高技术和可靠性，完全忽视了普及型计算机的竞争优势所导致。

产品(或服务)的销售成功是企业成功的最终体现。企业的竞争最终体现在以产品(或服务)争夺消费者的竞争上。企业在选择自己的产品(或服务)生态位时，要注意正确把握企业自身的实力、产品的发展前景、现存和潜在竞争对手的状态、技术发展可能引发出的新产品等，尤其是当企业进行产品生态位转换和生态位的延伸时更要注意。

在市场经济环境下，消费者掌握着企业生存与发展的最终审判权。"企业竞争，市场服务"是市场竞争中铁的法则。消费市场主要包括消费能力和消费者对产品与服务的价值取向。消费者的价值取向是评判企业的最终标准，企业要在竞争中获得生存与发展，关键是能使消费者在同样的支付条件下，为消费者提供更多满足消费者主观价

第七章
企业文化中的生态密码

值的产品或服务。在当今社会个性化需求日益朗化的情况下，企业还要能善于开拓新的消费市场，以避开市场重叠而引起的竞争。

构成三：资本生态位。

资金始终是制约企业发展的主要因素。资本生态一般是指资本市场的状态，包括企业内部积累和资本市场融资两个方面。企业资本生态位是企业可能获得资本的空间。现代企业仅凭自己积累资金来谋求迅速的发展几乎是不可能的，因此企业需要具有从资本市场获得发展所需要的优质资金的能力。企业的资本生态位是企业竞争力的重要标志。资本向高利润方向流动，这是资本的天然禀性，成功的企业必然可获得较宽和优质的生态位。反之，能持续获得较宽和优质的生态位的企业必然是成功的企业。

企业的资本结构与企业资本生态位不同，企业资本结构是指企业已形成的资本构成，企业资本生态位是指企业可以获得补充资本的渠道。

以长虹为例，长虹资产规模达140亿元，四川长虹公告2004年年报：2004年全年亏损36.81亿元，每股收益-1.701元，全年实现主营业务收入115.39亿元，同比降18.36%。

长虹的规模是有效规模吗？

长虹是靠规模经济成功的典型。依靠价格和规模，长虹成为"中国彩电大王"。中国的彩电业迅速膨胀成为强大的彩电制造国，但长虹单纯在追求规模效益的路上狂奔，而忽视了技术和制度的创新，一直没有自己的核心技术，走的是模仿和引进的老路。

2004年5月，美国相关部门裁定中国彩电企业反倾销成立，长虹的彩电产品将被征收高达26.37%的反倾销税率，这也意味着美国彩电市

构建企业文化：基业长青的最强大引擎

场在事实上对长虹已经关闭，从另一个角度也意味着长虹规模制造、规模销售路线的失败。

长虹规模背后的病态：

大企业病：机构臃肿，人浮于事，官僚主义盛行，贪污浪费严重，等等。依靠规模成功后迷信规模效益，只注重规模扩张，而忽视了支撑规模的重大变化：支撑规模成功的是市场起步时的巨大市场空间，市场饱和后支撑规模应该以技术和制度创新为主的不断提升的内在能力。

形象一点说，长虹就像一个两米四五的大个子，高则高矣，但心脏负荷太大，未必有力量，这就说明长虹生态位资源利用曲面明显不配套，是盲目扩张造成的。

而大宇集团是在政府支持下的举债速成模式：每3天增加一个企业，其中借贷占了全部资金的80%。

从上个世纪60年代起，为扶持大企业集团发展，韩国政府在金融资源上向大企业倾斜。大宇集团就是在这样的背景下通过大量举债迅速发展起来的：国内所属企业曾多达41家，1993年，大宇又提出"世界化经营"战略。当时，大宇在海外的企业只有150多家，而到1998年底，增至600多家，等于每3天增加一个企业，其中借贷占了全部资金的80%。总资产高达640亿美元，营业额占韩国GDP的5%，业务涉及贸易、汽车、电子、通用设备、重型机械、化纤、造船等众多行业。

长得太快导致营养不良：

大量举债，导致大宇集团资金链十分紧张。在亚洲金融危机的冲击下，大宇集团脆弱的资金链终于断裂：1999年7月27日，大宇因"延迟重组"，被韩国4家债权银行接管；当年11月1日，社长金宇中以及

14名下属公司的总经理辞职,大宇集团解体。

构成四:科技生态位

科学技术是第一生产力,它的发展改变着人类社会的整个形态,包括政治、经济以至人类的文化生活。科技决定了企业的产品形态、产品更新发展速度、产业形态、市场竞争形态以及经营管理的方式,它也将决定国家、地区和企业的力量对比。每一次重大的科学技术革命都必将引起生产力的巨大提高、新产品爆炸性的增长、新的产业不断涌现,以及企业和企业生态的突变。

广义而言,企业科技生态位是指企业可利用科学技术进行发展的环境,它包括科学技术发展的现状和可能出现的国家和国际的科技政策、竞争对手现有和可能掌握的科学技术等方面;狭义而言,企业科技生态位是指可利用的科学技术。一个企业的科技生态位是指该企业生存能利用的科技空间。

科技生态位与人力资源生态位是相关的。企业对人力资源的确定,也就同时确定了科技生态位。所以说,昂贵的装备因没有人才而使"营养"得不到吸收。出现了"一流的设备、二流的产品、三流的价格"现象。

浙江省杭州市曾花巨资引进先进设备:2002年技改投入127亿元,大部分是引进了先进的设备。但是,没有配套的能力充分利用先进设备,由于企业技术创新意识不强,创新能力不强,全市6万家企业中,有企业技术研究中心的只有90家,企业技术创新能力的不足使得一流的设备不能产生一流的效益;同时,引进的先进设备要有先进的人才去操作,很多企业没有足够的人才可以使用,引进的设备再先进也只能是"展品",先进设备功能的使用率非常低,这实际上是先进设备

构建企业文化：基业长青的最强大引擎

的浪费。如一家企业花巨资引进了一条先进的水果加工生产线，但最后成为"摆设"。

先进设备过时了怎么办？通过更新改造，注入新的技术，没有永远先进的设备，只有不断更新的技术，只有技术创新才是永恒的。如果没有足够的创新能力，再先进的设备也会过时，企业将难以为继。

构成五：信息生态位

信息在现代企业竞争中的作用是人所共知的。打赢第二次世界大战中太平洋海战的美国海军上将尼米兹认为，美国在太平洋海战中的胜利是由于掌握了日本的军事行动信息。特别是在中途岛海战中，尼米兹之所以以一比三的绝对劣势把日本称之为"海军之神"的山本五十六指挥的强大的日本舰队打得一败涂地，是由于美国破译了日本海军的通信密码，从而完全掌握了山本舰队的作战行动信息。现代战争更被认为是信息战。企业之间的竞争同样是知己知彼才能取胜，知己就是了解企业内部信息，知彼就是了解环境、客户、竞争对手等与企业竞争有关的信息。

20世纪的信息技术革命从根本上改变了人类社会的面貌，人类社会进入知识社会的阶段，知识成为社会发展的根本力量，信息资源成为组织生存与发展最重要的资源。特别是20世纪末互联网在全球的开通，引起企业、医院、学校等各种组织经营管理的根本变革。互联网的全球开通和不断完善，把企业带进一个全新的信息生态环境，企业可以很方便地在互联网上收集、发布信息，可以利用互联网进行网上经营，进行网上通信，实现网上全球化管理。"创新发展、信息化生存"成为现代组织发展的基本战略原则；完善信息系统被认为是组织生存与发展不可或缺的手段，企业竞争从产品服务竞争的时代进入信

第七章
企业文化中的生态密码

息竞争的时代。现今，不仅是企业家，就连企业的普通工作人员，每一个人在每时每刻，在任何地点都感受到企业信息战强烈的硝烟。

当今，无休止的高消耗广告战成为企业竞争的主战场，电视、广播、报纸、互联网，从街头巷尾到偏僻农村，每一个角落无不堆满企业形形色色的广告，电影明星、体育明星、歌星，一切可利用的名人都被利用来做广告宣传；科学家被利用来写文章做软广告，对企业产品进行吹嘘，大多数企业把广告、形象包装看作是企业竞争制胜的唯一法宝，企业的广告宣传费用大大超过产品的开发成本和生产成本。

我们从广告业发展轨迹来分析广告业的大数据。中国广告业，至少经历了四个阶段。第一个阶段，只要企业做广告就能成功，无论做得好还是不好，无论做得多还是少，这是因为当时中国的企业很少做广告，一条广告就能救活一个企业。从1987年开始进入第二个阶段，那个时期企业只要花足够的钱做广告就一定能赚钱，其典型特征是：用大量资金砸出一个名牌，轰出一个市场。中国很多知名企业就是从那时崛起的。

从1994年开始进入第三个阶段，开始出现"企业虽然花足够的钱做广告，但未必有钱赚"的时期，在这样的背景下，广告人有了一方用武之地。2014年，广告业进入第四个阶段——大数据时代，这是一个"买的不是广告位，而是看广告的人"的时代，曾经流行了50年的广告业圣经"我知道有一半的广告费被浪费了，但我不知道是哪一半"在2013年被永远终结。

不论我们承认与否，我们的社会已经进入了大数据时代。最早提出"大数据"时代到来的是全球知名咨询公司麦肯锡，它称："数据已经渗透入当今每一个行业和业务职能领域，成为重要的生产因素。

构建企业文化：基业长青的最强大引擎

人们对于海量数据的挖掘和运用，预示着新一波生产率和消费者盈余的到来。"

中国人喜欢数据，自古有之。无论是政治上、经济上还是文化上，我们喜欢数据带给我的准确表达，通过数据精确了解事件。以至于在对历史的学习中，老师要求我们记住某个历史事件发生的时间。

大数据下的广告，广告主买的不是广告位，而是看广告的人。有人将大数据下的广告业做这样的比喻，笔者认为此比喻恰到好处。"大数据时代的广告也就像是用GPS定位，然后用声呐探测到河中所有危险，规划出最合理的路线，安全摆渡。"

万达广场与万达百货就利用万达大数据测出人流量（万达全年全国的顾客人次甚至高于某些电商平台）、顾客消费习惯、消费偏好等多种数据，最后得出放弃电商平台，开发出新型会员模式（目前正处于测试阶段）进行传统百货商场改革这一结论。

广告业积极应对大数据时代，发挥自己优质人力、财力、物力的优势，运用大数据带来的便利，将小众、分众资源得到极大发挥，从用户角度出发，直达用户内心渴求的方向去做广告，挖掘用户需求，这才是大数据为广告业带来的便利条件。

一个企业的信息生态位是指该企业能使用信息与信息技术进行竞争的水平，它包括信息收集、发布、保护、经营等方面的能力之和，特别是信息资源使用的绩效。

第七章
企业文化中的生态密码

找准企业生态位

在产业互联网时代，传统意义上的线性价值链瓦解，各价值要素重组成平台化的价值网络。制造业最为典型，在工业4.0驱动的新型协同制造模式之下，制造业企业将不再自上而下地集中控制生产，不再从事单独的设计与研发环节，或者单独的生产与制造环节，或者单独的营销与服务环节。而是从顾客需求开始，到接受产品订单、寻求合作生产、采购原材料或零部件、共同进行产品设计、生产组装，整个环节都通过互联网联接起来并进行实时通信，从而确保最终产品满足大规模客户的个性化定制需求。这种制造模式将使企业面对客户的需求变化时，能迅速、轻松地做出响应，并保证其生产具有竞争力，企业本身将实现从单纯制造向"服务型制造"升级。企业之间的协作关系必然要重塑，甚至企业本身的概念也要重新定义。

企业在行业发展的不同阶段应该选择不同的生态对策，并具有一定的超前意识，而不应简单模仿、跟进。当企业刚开始进入某个新的产品市场时，企业处于原始生态位或竞争前生态位状态，消费者对于该产品处于初步认识阶段。这时，可以使企业能够在较短时间内迅速成长，并能积累更多的资金、人力等资源；因此，要在技术、人力、资金、广告等成本加大投入，且消费者对其质量、差异性等的关注程度低，在该行业的发展过程中，随着人们对该产品认识的提高及高利

构建企业文化：基业长青的最强大引擎

润的了解，经过一段时间后，资源的紧缺会产生相似竞争的压力，导致大部分企业死亡，而生存下来的企业则是具有战略意义和竞争优势的个体。这些个体居于垄断地位，可能占有了核心技术、具有产品发展导向的作用或者具有核心竞争力，提前完成了特色产品的开发，规模变大。此时，消费需求多样化，特色性产品增加，而垄断者的内部成本加大。资源的再次充足以及垄断者对某些局部市场、局部环节的放弃，让许多小型而灵活的企业进入该领域。他们的目的不是简单的垄断和盈利，而是在资源稀缺的状况下如何长期竞争生存。生存的意义使得这些企业不会简单地考虑如何增加自己的产品范围，而是寻找适于自己的细化的生态位，然后固守这个生态位，并防止别人进入。每一次的固守都产生几个结果，一是战胜别人，并在此基础上稍稍改变自己的生存策略，即一定意义上的进化；二是进一步细化了本生态位，并产生自己的特色；三是消亡，让别人占据了本生态位。通过这种竞争，社会分工越来越细化和有特色，也就更能够使更多的企业生存。如此发展下去，到达产品的繁荣期，相对占优势的企业比较少，但一般在行业中占优势地位。进入衰退期后，该类产品的重要性程度降低，利润率更低，迫使相关企业大量死亡或转行。由于竞争性、产品特色性等因素的降低，使得剩余企业相对很少直至消逝。

因此，企业若要进入某一行业，就应该分析该行业所处的发展阶段，并结合自身特点寻找适于自己的生态位和生态对策。在产品的快速衰退期则不提倡企业的切入。故企业也要根据行业发展状况，分析行业未来发展趋势，而不应该简单模仿、复制，因为当你模仿后，你的生态位也许就已经或很快不适应新环境的需要，并且简单模仿会使得生态位过分重叠，相似性高，造成竞争加剧和竞争能力的弱化，许

第七章
企业文化中的生态密码

多企业因之而消亡。具有超前意识和创新意识，就有可能避开生态位泛化的恶果，使自身在竞争中占有优势地位，从而生存下来。

GE成为当之无愧的全球商界领导者，没有其他任何一家公司可以与GE相比，特别"胖"的GE百余年仍经久不衰，其原因是拥有强大的生命机能。综合有以下十个因素：

雄厚的资金、卓越的领导、业务多元化、业务全球化、重视人才、规模巨大、品牌效应、与众不同的价值观、勇于创新、重视技术开发。

GE不是一夜之间吃成一个胖子，而是经过了上百年的业务选择。GE将行业第一或第二作为进行业务选择的标准，有的成功了，有的失败了，经过多年的业务选择和发展积累，保留下来的产业都拥有了世界上数一数二的地位。

远大资产规模为18亿元，职工2000名，比起动辄上百亿的大企业集团而言，简直就是一个小不点。远大的生态位优势独占鳌头：在空调厂家大打价格战、进行内耗的时候，远大连续8年缴税过亿元，在中国市场占有率超过50%，在欧美许多国家市场占有率第一，多年来一直是全球跨国公司和政府组织的首选产品。

远大的成功得益于找到空调产品的缺位。面对空调领域众多强大的对手，远大专攻直燃式空调，在电力越来越紧张的情况下，远大的直燃式空调无疑是一种最受欢迎的节能型空调。远大的成功还在于内力的提升：远大总裁张跃认为，在竞争如此激烈的国际国内市场上远大能取得今天的成就，关键靠创新，离开了创新企业将难以生存。这里面既有技术、产品的创新，也有管理和观念的创新。

所以说，发展规模不是重要的因素，主要的是要创造用户价值。

构建企业文化：基业长青的最强大引擎

企业应该有自己基本的分量，过胖不一定健康，但过小肯定是脆弱的。

因此，企业也应该在经济发展的不同阶段选择不同的生态对策和生态位，其原因与业态发展类似。我国经过几十年的经济发展，现在经济处于上升阶段，市场化程度越来越高，消费水平渐涨，且人口众多，因此大多数行业处于细化生态位阶段，大象、老虎的角色只能属于少数企业，大多数企业只能做猴子、牛、羊。企业要根据自身经济实力和管理能力，寻找适合自身的切入点，不要都继续拥挤在激烈竞争环境中，造成价格战、促销战、广告战等恶性竞争，况且这种竞争在国内已经产生了惨痛的教训，让许多企业深陷其中，不能自拔或很快就消亡。

新产业结构之下，行业边界的划分让位于场景区隔。组织模式也不再是传统的企业和雇员，而是平台与创客。产业结构将发生变化：横向按照场景，切分成一个一个的社群；纵向按照功能，聚合为一层一层的平台。终极状态下，大多数行业都将变成"平台+手艺人"的协作模式。"要么生态，要么融入生态"成为行业竞争的显规则。从市值角度讲，也只有生态型的企业才有望成为千亿市值的产业王者。打造平台型生态，将成为有产业抱负的企业家追求的经营境界。

新的产业分工逻辑，将会催生三类平台型生态。

第一级，内容平台生态，聚焦产品设计环节。比如韩都衣舍，已经从单品牌运营进化到时尚品牌孵化平台，目前已拥有近300个创意小组，每年设计服装品牌达到3万款。通过自孵化、合资、合作及代运营等方式，将品牌数量扩充至28个，产品涵盖女装、男装、童装、户外、健走鞋、箱包等品类。韩都衣舍目前算是一个比较典型的内容平

第七章
企业文化中的生态密码

台生态。

第二级，产业平台生态，聚合产业各利益相关方，提供产业内系统服务。比如上海钢联，从信息平台，延展到交易平台，再延展到供应链服务平台，已经成为一个以钢铁产业链为主的"大宗商品"产业平台生态圈。

第三级，跨产业平台生态，打造商业基础设施，可以理解为"孵化生态的生态"。比如阿里巴巴集团，就是一个孵化淘宝、蚂蚁金服、菜鸟网络、阿里体育、阿里云等自成生态的母生态。

第一，基于场景定义业务边界

产业互联网的时代，我们已经不太容易界定行业边界了。行业划分，更多是站在生产者角度；如果未来的产业结构转换为用户中心的价值网络，范围经济主导，那么界定用户场景可能比界定行业边界更有价值。

滴滴，从最开始的出租车共享平台，逐渐进入了拼车、代驾、巴士等领域；河狸家，从最早的美甲，逐渐进入到美容、手足护理、化妆等领域。其本质都遵循了场景逻辑，做的都是一类人群的生意。

打造生态的第一个步骤，就是想清楚你的业务延展逻辑。你的生态从哪里开始？如何逐步扩张？你给生态中用户创造的独特价值是什么？这些本质上都是商业模式问题，因为生态首先是一种商业模式。

海尔最早是做家电的，属于产品供应商。2014年推出了"U+"智慧生活系列，包括智慧安防、智慧用水、智慧洗护、智慧美食等7类细分服务，从单一的家电产品，延展到了整个家庭场景。

万达院线，之前主要做电影院，2015年发布"会员+"战略，围绕6000万会员，打造一站式电影生活服务平台，规划中包括：独立的电

构建企业文化：基业长青的最强大引擎

影票务线上平台、网络电影院线、游戏运营与分发、衍生品研发与销售、跨品牌会员权益打通等等。万达影院，从单一的电影场景，延展到了泛娱乐场景。

纷享销客，是一家企业级服务公司，最早是做移动销售管理系统，4年时间积累了11万企业级用户。2015年纷享销客宣布开放平台战略，开放ISV接口，联合合作伙伴更深度地服务企业用户，构建企业级应用的生态平台。纷享销客，从单一的CRM场景，延展到了整个企业级服务场景。

作为自诩的"生态架构师"，笔者在为某户外运动服装企业客户设计了其生态战略，从原来的服装行业，延展到以户外为主题的"体育+旅行"场景，其业务边界得到大大扩展，在资本市场上也更具想象空间。

第二，基于平台匹配供需资源

当互联网对产业资源重组进入深水区的时候，传统的线性公司（pipelines）也会越来越多地被平台型公司（platforms）所替代。哈佛大学托马斯·艾斯曼的研究发现，全球最大100家企业有60家企业主要收入来自平台商业模式。苹果的AppStore，淘宝的网络零售平台等，都是类似的组织结构。

打造生态型企业，必然要通过平台化的方式组织资源。不过，选择何种平台形式，应根据不同企业的战略诉求、驾驭能力而定。

海尔是平台化改造最为典型最为彻底的传统企业。张瑞敏称，海尔作为传统管理模式的破坏者，未来将聚焦创建两大平台：投资驱动平台和 用户付薪平台。所谓投资驱动平台，是从管控型组织变成一个投资平台，平台上只有股东和创业者，即平台主和小微公司、小微成员，平台为小微们提供资金、资源、机制和文化等支持；所谓用户付薪平台，是指员工们不再直接由企业发工资，而是与用户交互，通过给用户创造价值获取薪酬。企业平台化就是使企业一下子让全球的资源都可以为你利用。

小米的粉丝经济与"参与感"的玩法，更多是让用户参与到产品创意环节，可以视为创意环节的平台化，通过小米论坛作为载体。

韩都衣舍的"产品小组制"以及后期的时尚品牌孵化平台，就是非常典型的将产品创意、设计环节进行内部平台化。

只有平台化才能充分调动每一位参与者的能动性，才能让平台生生不息。如何摆脱大企业病？如何做到基业长青？在瞬息万变的互联网时代，唯有构建一个能够持续孵化创新的平台生态，才有可能推动企业持续成长。阿里巴巴、腾讯，莫不如此。

第三，基于数据推动产业协同

2016年2月，乐视体育宣布与体奥动力确立全面战略合作关系，以27亿元人民币天价获得2016/2017两个赛季中超联赛在中国大陆、港澳台、印度、美国、加拿大、新加坡、泰国、东南亚等国家和地区的独家新媒体转播权。在中国体育赛事里，中超联赛被视为最核心的IP资源。腾讯、新浪、网易和搜狐等互联网企业都曾以不超过800万元的价格从中超公司手中获得联赛转播权。如今乐视体育花27亿拿下中超未来两年的版权，你认为这笔交易对乐视来讲，划算吗？

是否划算关键在于能否发挥出足够大的协同效应，即产业资源组合在一起是否发挥了1+1>2的效用。通过中超赛事这类优质内容，去带动手机、电视这样终端产品的销售，通过终端产品的销售，又带动更多内容资源的销售，乐视把这个叫做"化学反应"。企业所开展的

构建企业文化：基业长青的最强大引擎

并购行为，都在追求某种协同效应。纵向并购，更多是为了降低交易成本；横向并购，更多是为了实现规模经济。跨界并购，更多是为了共享用户资源。

小米生态链上的项目，共享了其用户资源、供应链平台、品牌势能、渠道资源等，也发挥了较为典型的协同效应。

然而，如果要最大化地协同，将用户资源转化为数据资产将是必由之路，只有将不同入口进来的用户标签化、数据化，才有可能实现资产互通以及交叉营销。简单的"买终端送内容"和当年的"买手机送话费"没什么两样，这只是初级的协同效应。互联网时代对于用户资产的复用一定是基于数据洞察的。沉淀了足够多的数据衍生出消费金融或者供应链金融，算是比较高阶的协同效应了。打造一个数据驱动的企业，是能够最大化发挥协同效应的前提，也是每一个传统企业当下较为迫切的一个命题。

第七章
企业文化中的生态密码

完善细化企业生态位

这里我们回顾一下教科书上关于企业战略扩张的三个基本概念。

第一，叫做规模经济，简单理解就是把一种产品卖给更多用户，共享供应链能力，企业据此展开横向并购；

第二，叫做范围经济，简单理解就是把不同产品卖给同一用户，共享用户资源，企业据此展开跨界并购；

第三，叫做垂直整合，简单理解就是纵向整合上下游，上游收购材料厂商，或者下游收购分销商，降低交易成本，企业据此展开一体化并购。

当然，这些还是工业时代的理论体系。互联网时代，发生了什么变化呢？我们看看 互联网经济的两个特性。

一个叫做网络效应，即"使用这个网络的人越多，这个网络越有价值"，这强化了马太效应，使得横向形成平台化垄断，平台企业将追求垄断红利，其垄断力度更大，比如微信、淘宝、滴滴在各自领域都享受了"赢家通吃"的礼遇。

一个叫做数字资产，一方面边际成本趋于零，使得规模经济可以相对无限扩展，横向边界被打破；另一方面，数字资产通用性，使得范围经济的扩展成本大大降低，比如以前出版一本书，出版社希望这本书销量一定要足够大，才能够享受规模经济的好处，因为一本书卖1000册和10000册，成本差别很大；但是如果去打印店，不管你打的内

构建企业文化：基业长青的最强大引擎

容有多少种，只按页数收钱，因为打印店是数据驱动的，U盘插进去，打什么内容成本都一样。如果未来企业各价值链条都形成"数据驱动"，范围经济将得到大大强化。

通过上述分析，我们发现，产业互联网时代的主要扩展逻辑，可以理解为"规模化的范围经济"。

生态布局本质是一种战略行为，战略一定是基于未来看当下，基于未来的产业格局与分工协作逻辑进行布局，这个叫"产业为本"，也是我们一直想传递给客户的核心理念。如果我们的生态战略不是按照这样的底层逻辑去构建，当新产业革命到深水区的时候，摊子铺得越大，很可能被颠覆得越快。

企业生态位是环境选择与企业能动性的结果。企业生态位不能停留在泛化和粗糙的层面上，企业应该依托自身的能力要素，根据企业生态环境的具体因素和企业自身运作状况，细化和完善自身的生态位。

世界上最大的连锁商店——沃尔玛公司长期致力于低价百货生态位制胜策略。然而，生态位是具体而细致的。沃尔玛公司认真分析美国的市场环境后，以村镇作为细化生态位，进行重点发展，并不断细化和完善自身生态位（譬如通过供应链精简，建立高效物流配送体系，比对手更好地控制成本）。长期以来，沃尔玛公司一直坚持在人口25000人以下的小镇上开设分店，一旦开设，分店的规模大到足以囊括小镇的全部购买力，以防止竞争对手的介入。自1962年沃尔玛在美国相对不发达的阿肯色州的小镇"班顿维尔"开设其第一家折扣商店起，已发展成为现在全球具有5000多家连锁店的世界最大连锁企业，而位于世界500强榜首。

第七章
企业文化中的生态密码

在完善细化企业生态位方面,主要采取以下方法进行:

方法一:及时调整企业生态位

企业生态位不是一成不变的,它随着生态环境的变化和企业进化而不断变化。企业不仅要根据竞争力层面的因素来选择、细化自身的生态位,还要根据发展力层面、生存力层面的因素来调整自身的生态位,以求长期的生存发展,而不只是昙花一现。

生态位是生存竞争中自然选择的结果。生态位有泛化和特化两种趋势。当企业自身所处的生态位泛化后,造成生态位过分重叠,竞争加剧,企业就应该调整生态位,或细化之,寻找自己的特色,或改变之,寻求新的发展。而特化的生态位发展到一定时期,也有可能泛化,被其他企业所模仿、复制。

从企业自身来讲,企业在不同的发展时期,例如在企业生命周期(孕育期、婴儿期、学步期、青春期、盛年期、稳定期、贵族期、官僚期和死亡期)的不同阶段,资金、人力、技术、管理能力等生态因素具有差异性,其在行业中可以发挥的作用及竞争能力有所不同。具备思考特性的企业应该根据实际情况,在企业进化的同时,选择在市场竞争中的不同生态位,以求企业的长期生存。

从环境因素来讲,现代社会瞬息多变,竞争区域也经常变动,企业所在的生态环境因之经常改变。生态环境的变动导致决策发生改变,原有的生态位就有可能不再适应新环境的需要,成为企业生存发展的障碍。建立适应多变的管理机制,适时调整自己的生态位,势在必行。

万科靠多元化完成原始积累:从1984年到1993年,万科利用相关行业市场扩容起步的阶段,进入进出口、零售、房地产、投资、影

构建企业文化：基业长青的最强大引擎

视、广告、饮料、印刷、机加工、电气工程及其他等13大类，做什么赚什么。

万科做十年"减肥"致力于擅长的事——房地产：从1993年起，万科董事长王石认识到过去支撑多元化成功的巨大市场空间已经没有了，支撑多元化需要企业在多元化领域的内在能力，万科没有继续实施多元化战略的内在能力，就转而做了十年的减法，将仍在盈利的企业纷纷转让或剥离，将所有精力和资源专注于自己擅长的房地产上。

在恰当的时候做了恰当的事维持了万科的健康状态：可以多元化的时候，万科就搞多元化获得规模效益；没有继续搞多元化的能力的时候就专注搞专业化，在自己擅长的领域获得最大的利润。在很多企业纷纷倒闭的时候，万科依然保持良好的运营状态。

沃尔玛公司在进驻南京市场时，不再以村镇作为细化生态位，而是走入商业集聚区。2004年元旦，沃尔玛在江苏南京的繁华地带——新街口开业，并于当天实现了巨额销售收入。沃尔玛将其企业的细化生态位由村镇、郊区改变为市中心商业集聚区，是充分考虑了南京商业的实际背景而做出的正确决策。南京的商业发达，但是集群性强，主要集中在新街口、湖南路、中央门等地。人们的消费习惯主要集中在几个商业集聚带。而且，南京的连锁商业较为发达，但其经营相似性高（即生态位泛化），细化程度不够，如果连锁走街串巷，不易直接突破。反向走入集聚区，利用自己的低价位和品牌优势，并利用消费者的消费习惯，可以招揽更多的顾客。另外，2003年非典型性肺炎的爆发，导致中国许多行业重新整合。人们的消费习惯也发生了一些改变。越来越多的消费者到超市购买食物、蔬菜等用品，以求质量、新鲜程度等方面的保障。消费需要接近菜市场价位的特色性连锁服

第七章
企业文化中的生态密码

务。这时,沃尔玛利用自己的优势重拳出击,就极有可能站稳脚跟,引领消费方式,并求得在南京商业市场中的进一步发展。

方法二:夯实企业生态位

建立自组织、自学习、柔性的企业组织,为生态位的选择、转换与巩固打下良好基础,生态位的选择与保持依赖于企业的良好运行机制和分析决策能力。良好的运行机制保证了生态位的巩固,以及在生态位转换时,实现平稳过渡。良好的分析决策能力可以保证企业理性地或者进化性地选择适合自身的生态位,并在多变环境下适时调整生态位。

企业生态位具有异于一般生命体的能动性,企业具有主动选择能力和学习复制能力。因此,建立自组织、自学习、柔性的企业组织可以敏锐地观察到内外环境的各种变化,通过制度化的机制或有组织的形式捕获信息,管理和使用知识,吸取原有运营的经验教训,学习现存于自身及其他企业的合理经验,分析未来发展趋势,增强企业能力,利用合理的人才机制,寻找进化稳定策略,使得企业作为一个整体系统能够不断地快速适应环境变化而巩固或调整生态位,从而获得持续性的生存与发展。

方法三:优化企业生态位

信息社会竞争的加剧和环境变化的快速以及不确定性,使得企业无法单纯依靠自己的力量来满足市场的需要。竞争不仅仅意味着企业间的排斥,毕竟企业的资源是有限的,不可能满足变化多端的企业生态环境,而且,即使企业一时满足了竞争要求,如大量招聘员工以应付突然出现的市场机遇,然而市场一旦饱和时,企业又不得不考虑这些员工的出路,给企业管理造成困难。

构建企业文化：基业长青的最强大引擎

　　虚拟生态位为企业的发展提供了全新的拓展空间。所谓"虚拟生态位"，就是指企业在有限的资源条件下，为取得最大的竞争优势，以自己的优势生态位为中心，通过信息网络和快速运输系统，充分利用外部资源的生态方式。

　　虚拟生态位的实质是发挥自身优势，对外部资源和力量进行有效整合，达到降低成本、提高竞争力的目的。目前，美国、日本等经济发达国家，正以年增长35%的速度利用虚拟生态位，形成2500亿美元的生产规模。

第七章
企业文化中的生态密码

构建企业生态位的六个关键

　　生态资源随着人类社会由工业社会迈向信息社会，"生态资源"概念的外延、内涵及其企业对生态资源的占有方式正在发生深刻的变化。众所周知，无论是农业经济时代，还是工业经济时代，都以开发、利用物质资源和能量资源为生产力的主要特征，其产品是物质的，社会经济活动都要以丰富的资源和能源为基础。有统计资料表明，农业经济时代对土地资源和人体体能的依赖程度为90%以上，工业经济时代对自然资源和能源资源的依赖程度为60%以上。与之相反，生态位作为生态资源的函数，也具有明显的可调控性。

　　企业生态资源状况对企业生态位具有决定意义。所谓生态位宽度，是指被一个企业所利用的各种各样的不同生态资源的总和。生态资源丰富，使选择性采食成为可能，企业生态位变窄；反之，则使采食无所选择，这种生态位宽度的变化，对企业间的竞争有直接影响。

　　我国经济发展正处于上升阶段，且供大于求。随着市场经济的逐步深入及市场体制的逐步完善，许多企业在经过了生态位高度重叠的恶性竞争的教训之后，已经对自身生态位进行了及时的细化和调整，走上了良性发展的道路。然而，恶性竞争依旧大量存在，许多企业正驻足不前，苦苦思索竞争对策。而且，环境更加多变，加入WTO后国内与国际经济接轨加速，人力资源结构不合理，劳动力供给过多，而物资资源和消费需求严重不足，这些趋势的加剧使得企业面临的挑战

构建企业文化：基业长青的最强大引擎

更为复杂。如何寻找到适合自身的生态位，成为企业生存与发展研究的重要问题。

信息社会时代，知识将作为占主导地位的资源和生产要素而存在，企业之间的竞争主要不是自然资源和其他有形资本的竞争，而是拥有知识和技术多少的竞争、知识创新的竞争。但是，知识资源具有无限性的特点。知识作为资本和资源，不同于土地和矿藏，它可无限制地复制和不间断地使用，不仅不会在生产中磨损和消耗，作为人类智慧的成果，还可在使用中与其他知识连接、渗透、组合、集成、交融、演化，形成新的更有用的知识，从而实现自身的增值创新。目前，国家创新能力和企业技术创新能力都是围绕以上方面展开的。所以，企业要善于利用和建立"虚拟生态位"，以丰富自己的知识生态资源，改善生存、竞争环境，从而占据有利的生态位。

基于上述种种因素，当我们要想在互联时代取得胜利，就要对构建企业生态位的六个关键因素作出认识。

关键因素一：模式创新与技术创新是企业发展的两个轮子。

生态战略的本质是模式创新。很多人经常把商业模式创新与技术创新对立起来，谈论哪个更加重要。我认为大可不必。就像人既要吃饭也要睡觉一样，这是两个维度的事，对企业来说都很重要，都有各自的作用范围。模式创新与技术创新是相生互动，循环促进的。生产力决定生产关系，生产关系反过来作用生产力，就是这个道理。

苹果的成功，既有技术创新和产品创新，推出了iphone这样的产品；也有模式创新，推出apple store应用商店这样新的商业模式。

华为也一样，为了攻占市场，华为可以凭借通讯设备领域整个产品生命周期上完整的产品线的营收，以牺牲暂时的亏损为代价，将投

第七章
企业文化中的生态密码

入市场的新产品按两三年后量产的模型定价，利用企业规模效益、低耗与高效的供应链管理、非核心环节外包、流程优化等方法挖掘出的成本优势，从而来挤垮或有效扼制国内竞争对手，并利用研发低成本优势快速抢夺国际市场份额，打压在成本上处于劣势的竞争对手，形成著名的"华为优势"。这本质上就是商业模式的创新。

关键因素二：态型企业的评估指标：协同效应与进化能力。

衡量一个生态型企业的价值，主要看两个维度：一方面是协同效应，一方面是进化能力。

协同效应更多指的商业模式，各产业资源组合在一起是否发挥了1+1＞2的效应。"1+1=3"与"1+1=10"之间的效果是完全不一样的。本来是做煤矿的，结果去搞影视，很难想象会产生什么协同效应。但是这种行为，目前也并不鲜见。

进化能力更多指的是组织模式，生态是否为创新提供了优质的环境，是不是能够不断孵化出新业务，形成新陈代谢。马化腾曾经谈到的"生物型组织"也是这个意思。一个好的生态必然不是管控型的，而是赋能型的。要不断为创客提供成长环境、创新环境。

关键因素三：垂直整合与分工外包，都有适用范围与适用边界。

1990年代前的计算机行业都是垂直系统，IBM、SUN这些企业都是采用自己的芯片、自己的操作系统，自己的应用软件。由于每个公司形成条状的市场割据，缺乏规模效应，成本也居高不下。后来，"IBM兼容机"改变了这个状况，微软专做操作系统和部分应用软件，Intel做芯片，整机由PC公司制造。每家生产的计算机都几乎相同，用同样的软件，成本大大降低，也便于学习和使用，计算机很快普及起来。前者叫纵向整合，后者叫横向整合。因为微软—英特尔模

构建企业文化：基业长青的最强大引擎

式的成功，苹果模式的失败，业界达成了共识。各司其职，每个公司只能做自己擅长的一部分。

2007年，苹果死而复生，iPhone手机操作系统和硬件均为自己生产，后来苹果又把这个产业链延伸到芯片。不少企业又开始觉得纵向整合也有道理，很多公司都开始不安分起来，都试图延伸到产业链相关环节。乐视贾跃亭在多个场合一直在强调"垂直整合战胜专业分工"，试图为自己的战略布局找到理论基础。

在我看来，垂直整合与专业分工都只是满足企业战略诉求的手段而已。用什么手段，取决于战略诉求与驾驭能力。垂直整合与专业分工都有适用边界。选择垂直整合还是选择外包，无外乎下列几种因素的权衡：

1）外部交易成本与内部组织成本的对比；

2）核心能力与优劣势对比；

3）哪一个能够更好保障用户体验；

4）内外生产效率的对比。

但是这种权衡，因产业周期、竞争格局、企业资源禀赋而已，不能一概而论。具体各自的适用边界，笔者将另行撰文分析。

关键因素四：多元化不等于生态化。

企业推行多元化战略最早的出发点是为了分散风险。而生态化战略寻求的是不同业务之间的关联性。在各产业全面互联网化之后，那些搞多元化的企业都在思考不同业务板块之间的关联性。GE以前是非常典型的实施多元化战略的代表，尤其是杰克·韦尔奇年代。但是在2015年，GE出售了2000亿美元规模的金融资产，2016年把旗下家电业务以55.8亿美元出售给中国海尔，重新聚焦在工业领域。这又是为何？

第七章
企业文化中的生态密码

我认为，这是GE由多元化向生态化战略推进的一个重要里程碑。在GE新的战略格局之下，不是没有金融业务，而是围绕着工业互联网相关的航空、能源等领域布局产业金融。用生态化取代多元化，实为明智之举。

从多元化走向生态化，将是诸多产业公司下一阶段的重要战略命题。在竞争日趋激烈的市场格局下，如何将业务之间的协同效应最大化发挥，考验着每一位企业掌舵人的经营智慧。

顺便提一句，做生态和专注并不矛盾，都是满足战略诉求的手段而已。专注能让你做10亿的规模，如果有100亿的梦想怎么办？

关键因素五：产业边界不等于企业边界。

产业边界很大程度上影响了企业边界。但是，产业边界不等于企业边界。产业互联之后，产业边界打破。线性价值链将被平台重组，形成平台公司。其本质是商业模式的变化。并不是企业边界的变化，企业边界在哪，依然遵循交易成本与管理成本的对比。只是成本结构发生了变化而已。根据制度经济学的观点，企业边界问题讨论的是，市场化还是内部化应该根据交易成本和管理成本的对比而定。平台型公司无论是阿里巴巴、Uber，还是腾讯，都并没有在企业边界问题上有什么改变。

很多项目纠结到底是自营模式还是平台模式，其实思考逻辑其实很简单，从终极思维的角度来看，比较一下两种模式的管理成本和交易成本，自然会有答案。比如京东的自营模式，如果其管理成本已经远远超过开放所带来的交易成本的时候，其必然也会选择适度开发。实际情况中京东也是如此做的，京东开放平台也将近占据半壁江山。

关键因素六：闭环不等于封闭，开放是生态做大做强必由之路。

构建企业文化：基业长青的最强大引擎

乐视的闭环是用户界面的封闭，不是产业链的封闭，产业链形成闭环有助于发挥最大化的协同效应，并为用户创造最大化的极致体验。闭环不等于封闭，开放是生态做大做强的必由之路。但是什么时候开放、开放到什么程度，也是因时因地制宜。乐视与阿里巴巴的生态逻辑接近，先做强一个核心闭环，然后基于核心闭环的成功和能力积淀，把闭环上的每一个环节都拆出来单独发展。比如阿里云、支付宝、阿里妈妈这三大件本来都是服务于淘宝体系的，现在每个拿出来都是一个相对独立的子生态。贾跃亭说，前几年我们早就定了，主打生态闭环、生态型组织，也是乐视完成自我生态内的闭环，但2016年是乐视的开放年，乐视生态全面开放，这是我们的战略。

从上述分析可以看出，因为市场环境变化太快，所以对环境的感知能力与对趋势的判断能力尤为重要。战略的重要性从未像现在这么突出。企业可能被错误的创新拖垮，可能被盲目的速度扼杀，可能被错误的执行压垮。BCG有一个预测，在未来五年内，32%的上市公司可能会因为战略选择不当销声匿迹；领先和落后企业之间的差距已达到有史以来最高水平。企业找到有效的战略管理方式，比以往任何时候都更为重要。

产业互联多创客，敢教日月换新天。这是一个伟大的时代，一个不可被辜负的时代！